LA GUERRE

RUSSO-JAPONAISE

Résumé historique et chronologique des Événements

PAR

L. THIRIAUX

TOME I

Du début des hostilités (8 Février 1904) au 4 Juillet 1904

NAMUR

Librairie de Ad. Wesmael-Charlier, Editeur

RUE DE FER, 53

1904

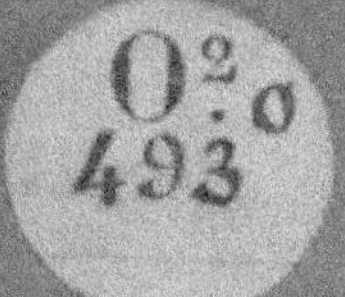

LA GUERRE RUSSO-JAPONAISE

TOME PREMIER

LA GUERRE
RUSSO-JAPONAISE

Résumé historique et chronologique des Événements

PAR

L. THIRIAUX

—

TOME I

Du début des hostilités (8 Février 1904) au 4 Juillet 1904.

—

NAMUR
Librairie de Ad. Wesmael-Charlier, Éditeur
RUE DE FER, 53
—
1904

AVANT-PROPOS

Celui qui croit trouver ici de l'inédit pourrait bien être déçu.

Nous n'avons pas la clé mystérieuse qui fait s'ouvrir devant certains journalistes les portes les plus secrètes des états majors et des ambassades.

Mais il est surprenant de constater le nombre de gens que la guerre actuelle intéressait au début et qui, découragés par un défilé continuel de noms étranges à l'orthographe flottante, et de faits parfois invraisemblables, souvent contredits ou démentis le lendemain, ont fini par cesser de suivre les événements. C'est à ceux-là que ce travail s'adresse : ils y trouveront, avec des cartes aussi exactes que possible, obtenues par la confrontation de tout ce qui existe en ce genre (sauf les cartes japonaises, non publiées), un classement méthodique des faits contrôlés aussi.

La matière ne manque pas : il est parvenu chez nous, sur les événements d'Extrême-Orient, plutôt trop d'informations que pas assez : trop, en ce sens que beaucoup, — celles des journaux à sensation, —

n'avaient manifestement pour but que de permettre une édition spéciale, quand elles ne cachaient même pas, ainsi que nous le verrons, une manœuvre d'un des adversaires.

Mais cette abondance même est utile. Ainsi sur chaque événement les versions officielles des deux partis, contrôlées et complétées au besoin par les *lettres* parvenues en Europe quelques semaines après les événements, doivent infailliblement conduire à la vérité. Il y a souvent aussi de bons éléments dans les dépêches et les correspondances des envoyés spéciaux de certains grands journaux comme *Le Temps*, *Le Times*, *Le New York Herald*.

Assurément, les relations que publieront les deux partis après la campagne, et même celles que nous rapporteront les attachés militaires des puissances, auront une autre précision que notre travail, mais quand sera-ce ? Dans des mois ou dans des années ?

Or, ce que nous voulons, c'est donner tout de suite, à ceux qui désirent un guide pour continuer à suivre les événements, une base aussi solide que possible, en leur représentant, classées et contrôlées, les informations qu'ils ont vu paraître en flots pressés, le vrai noyé dans les inventions les plus saugrenues.

La Guerre Russo-Japonaise

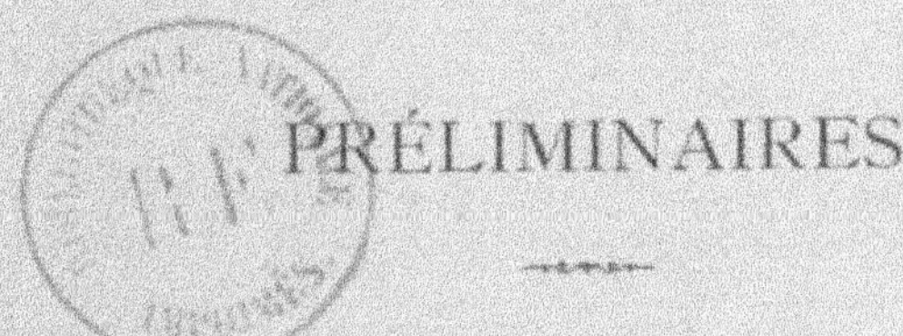

PRÉLIMINAIRES

Causes et Début de la Guerre

CAUSES ÉLOIGNÉES

L'établissement et les intérêts de la Russie en Chine.

Les relations russo-chinoises, aussi loin qu'on remonte, sont pacifiques. Dès 1688, un traité désigne Kiakta comme marché franc entre la Chine et la Sibérie (thé contre fourrures). Ce marché prend vite une importance énorme; chaque année, des marchands chinois viennent à Nijni-Novogorod.

En 1851, les Russes fondent le comptoir de Nicolaïevsk près de l'embouchure de l'Amour; mais dès 1854, vu la presque impossibilité de le ravitailler par mer (il gèle 7 mois), ils demandent à la Chine l'autorisation de se servir à cet effet de l'Amour. La réponse tardant, le général Mourawieff organise une expédition, qui descend le fleuve jusqu'à l'embouchure, créant plusieurs comptoirs sur la rive gauche. La Chine, par le traité d'Aïgoun

(16 mai 1858) reconnaît l'établissement de la Russie sur cette rive.

Enfin, en 1860, profitant de la gêne où se trouvait la Chine par suite de l'expédition anglo-française, la Russie demande et obtient facilement toute la rive droite de l'Oussouri jusqu'à la mer. On y bâtit aussitôt Vladivostock (Dominatrice de l'Est).

C'était la mer toujours rêvée depuis Pierre le Grand, mais non la mer libre : le port gèle en effet 5 mois.

Et, avec sa patience proverbiale, la Russie attendait !

***

Naissance du Japon comme puissance. — Ses intérêts et ses ambitions.

Cependant en Orient une nouvelle puissance était née : le Japon, plus fermé que la Chine aux étrangers, leur ouvrait ses portes et, dès après la révolution de 1868, s'emparait avidement de leurs produits, de leurs leçons et même de leurs institutions : en 1875, il admet le service obligatoire ; il avait depuis 1872 une constitution.

Mais la combativité du peuple, qui se dépensait jadis en guerres intérieures subsiste et menace : il lui faut un aliment.

D'autre part, le pays est en pléthore : la population augmente avec une rapidité prodigieuse dans les vingt années de calme qui suivent la guerre civile ; l'industrie prend un essor inattendu, au détriment de l'agriculture, et brusquement le Japon se trouve en face d'une grave constatation : il ne nourrit plus sa population ! il doit chaque année demander du riz à la Chine, aux Philippines, à la Corée. Pour y pallier, on colonise Yezo laissée jusque-là aux seuls Aïnios et de nouveau, après des siècles, on guette une occasion de rentrer en Corée.

***

Guerre Sino-Japonaise.

L'occasion vint, représentée par la révolte des Tongaks en 1893, et l'appel fait par la Corée à sa suzeraine, la Chine, pour en avoir raison.

Et en 1894, c'est une flotte, une armée joignant aux derniers perfectionnements des Européens, le mépris de la mort, la ruse et l'absence de scrupules des Asiatiques, qui battent l'énorme Chine sur son propre terrain et l'obligent à passer par toutes les conditions du Japon.

Le traité de *Simonosaki* (17 avril 1895) exprima cette situation : La Chine perdait toute suzeraineté sur la Corée déclarée indépendante sous le protectorat du Japon, et toute la péninsule du Liao-Toung que le Japon recevait avec Port-Arthur à titre de conquête.

Ce traité faisait du Japon le maître incontesté des mers de Chine dont il tenait tous les débouchés ; il enlevait à la Russie tout espoir de s'ouvrir jamais une issue sur la mer libre.

Alors les puissances qui avaient assisté au duel avec indifférence d'abord, puis avec étonnement, mirent leur veto : la France, l'Allemagne et la Russie remirent à Tokio, le 22 avril 1895, des notes simultanées priant le Mikado « de renoncer au Liao-Toung », l'établissement de son autorité dans ce pays devant être un danger pour la paix de l'Orient et du monde. »

Le Japon céda (5 mai) moyennant une augmentation d'indemnité de 30 millions de yen (247 ½ millions de francs), mais c'est de là que datent ses armements à outrance.

⁂

Ce qui mit le comble à la fureur du Japon fut de voir la Russie, presque aussitôt, avancer à la Chine la première annuité de l'indemnité (500 millions), et obtenir d'elle, grâce à cela, la convention dite de Cassini : Suites en Chine.

« Autorisation accordée à la Russie de faire passer son Trans- » sibérien par la Mandchourie, et promesse de préférence pour » la concession de la ligne Girin-Moukden-Changhaï Kwan.

» Autorisation d'*exploiter les mines* dans le voisinage des voies » ferrées et de *faire garder* celles-ci par les DÉTACHEMENTS NÉCES- » SAIRES d'infanterie et de cavalerie. »

» Location pour quinze ans de la baie de Kiaotchéou.

» La Chine se disposant à relever Port-Arthur, la Russie lui » fournira l'assistance nécessaire pour sa protection. En échange, » la Chine s'engage à ne jamais céder ce port à aucune puissance » autre que la Russie. Même si la Russie est engagée dans une » guerre en Extrême-Orient, elle pourra l'occuper. »

Ce n'est pas tout : les autres puissances, alléchées, obtenaient bientôt, et elles sans rien débourser :

L'Angleterre (févr. 1897), des terres en Birmanie et les États Chans ; — (avril 1898) Weï-Haï-Weï pour 99 ans et la banlieue de Hong-Kong.

La France (avril 1898), Kwan-Tchéou-Wan et préférence éventuelle sur Haïnan.

L'Allemagne (6 mars 1898), Kiao-Tchéou pour 99 ans et deux lignes de chemin de fer.

Pour se faire pardonner la cession de Kiao-Tchéou, visé par la convention Cassini, la Chine cédait cette fois pour 99 ans Port-Arthur et Talienwan à la Russie, et l'autorisait à les réunir par un embranchement au Transsibérien.

Enfin, la Russie tenait la mer libre!

Elle ne négligea pas un moment pour en tirer parti, et dès 1898 même des trains circulaient sur des tronçons de voie, tandis que Port-Arthur était renforcé, Dalny créée et 5000 gardes frontières jugés alors suffisants, installés le long du mince ruban qui seul devait joindre la nouvelle acquisition à la Sibérie.

***

Suites en Corée.

Pendant ce temps, le Japon, lui qui avait abattu la Chine qu'on se disputait ainsi comme en une curée chaude, tentait de tirer parti du morceau qu'on lui laissait.

Énorme encore ce morceau splendide par sa position sur le détroit de Corée, ses richesses minières et forestières; mais il eût fallu mener le peuple coréen, retombé en enfance pour ainsi dire, avec des habiletés, des précautions que dédaigna le Japon encore dans l'enthousiasme de sa science toute fraiche et de sa victoire ; il prétendit imposer au pays les réformes les plus variées et les plus profondes.

La plupart étaient bonnes en elles-mêmes, mais il eût fallu les introduire avec les plus grands ménagements : quelques-unes blessaient le peuple en s'attaquant à ses usages les plus chers.

Bientôt le mécontentement devint général et une révolte éclata le 11 février 1896. L'Empereur de Corée se réfugia à la Légation de Russie et, fort de l'appui qu'il y recevait, révoqua tous ses édits réformateurs. Le Japon se vit obligé, pour garder pied en Corée, de s'entendre avec la Russie, et une convention fut signée : le Japon entretiendrait en Corée 1000 hommes pour la garde de sa Légation et d'une ligne télégraphique Fusan-Séoul ; la Russie, autant pour sa Légation et la ligne Séoul-Wijou.

Au lieu du protectorat japonais, cela devenait une sorte de condominium, du moins en droit, car en fait, après le malencontreux essai des Nippons, il était certain que, ne fît-elle même rien pour cela, toutes les sympathies des Coréens se tourneraient vers la Russie.

De fait, de ce moment la Corée prend des instructeurs russes, l'Empereur s'entoure de conseillers russes ou français — un seul anglais — pas un japonais — tandis que ce sont encore des russes qui obtiennent la concession des forêts du Nord, des américains celle des mines d'Ounsan, des français celle du chemin de fer Séoul-Wijou.

Et les Russes ont beau promettre, le 18 mars 1898, sur des représentations du Japon, « de renoncer à toute intervention » active en Corée et d'y laisser le champ libre à l'action » politique et aux intérêts économiques du Japon ; » ils ont beau, fidèles à leur parole, retirer leurs instructeurs, ne laisser en Corée qu'un consul, dans l'esprit de l'Empereur et du peuple est ancrée l'idée de considérer les Russes comme leurs protecteurs naturels, — les Japonais comme l'ennemi séculaire toujours aux aguets.

L'assassinat de l'Impératrice, au cours d'une intrigue de palais en 1898 ne fit qu'accentuer cette impression. On n'a pu prouver que les Japonais y eussent trempé, mais ils étaient les seuls à qui le crime pouvait profiter, la victime passant pour l'âme du parti russe.

***

Guerre des Boxers et occupation européenne.

Telle était la situation quand éclata le soulèvement des Boxers. Attaquée la première et jusque sur son territoire, la Russie conquit en deux mois toute la Mandchourie, mais cet intervalle avait suffi pour que les 5000 hommes gardant sa ligne fussent bousculés, la voie détruite, et là comme partout les missions brûlées, les européens massacrés.

Aussi, lorsque traitant avec la Chine, les puissances s'engagèrent envers celle-ci et entre elles à évacuer son territoire dans un délai fixé (pour la Russie c'était le 13 avril 1903) ce fut bien entendu sous la condition que le calme fût rétabli et que toute crainte de retour de pareils événements eût disparu. La Russie n'est pas seule apparemment à trouver que ces conditions ne sont pas encore réunies, car nous constatons qu'il reste une garnison anglaise à Shanghaï et à Shanghaï-Kwan, une garnison mixte à Tientsin et à Chingwantao, *encore aujourd'hui*.

D'ailleurs en outre des raisons toutes de fait qu'ont les autres nations d'occuper certains points du territoire chinois, la Russie possédait un *droit exprès* résultant de la convention Cassini.

En conséquence, la guerre finie, la Russie maintint en Extrême-Orient une partie de son armée. Le plus gros rentra dans les garnisons russes de Port-Arthur et Vladivostock ; mais, outre les gardes frontières portés à 28000 hommes, il restait en Mandchourie chinoise deux brigades d'infanterie et deux de cavalerie, 25000 hommes environ, tous d'ailleurs échelonnés le long du chemin de fer, sauf un régiment à Girin.

Cela ne pouvait donc être pour le Japon qu'un prétexte, car il n'a ni intérêts ni droits en Mandchourie, mais c'était un motif pour une autre nation qui qualifie crimes chez les autres les procédés qu'elle-même emploie sans cesse.

CAUSES IMMÉDIATES

Il n'y en a pas d'autre que la volonté du Japon.

Il a voulu, cherché et trouvé sa guerre.

On a vu que depuis 1896 il n'avait cessé d'armer. En 1896, sur les 942 millions de l'indemnité, on le voit dépenser 567 millions pour la marine, 236 pour l'armée, 106 pour les chemins de fer et ... 33 pour rembourser les dépenses de la guerre.

En 1897, 165 millions, en 1899 encore 125 sont demandés à l'emprunt, ce qui, ajouté aux dépenses de 1894 non couvertes, augmente la dette en cinq ans de 660 millions, soit 33 de charge annuelle. En outre, comme la flotte et l'armée sont *doublées* à dater de 1897, il faut *doubler* les dépenses *ordinaires*, et de 1893 à 1903 on voit les impôts *tripler* (de 187 millions à 447). On donne comme total des dépenses militaires de ces dix ans : 1,968,000 francs.

A noter encore que l'argent n'a pas la même valeur intrinsèque ici qu'au Japon : si l'on prend pour base de valeur réelle la journée d'ouvrier, la valeur correspondante de l'argent à la nôtre au Japon est du sextuple (la journée vaut 0,35 contre 2 francs chez nous). On peut ainsi se faire quelque idée des dépenses ruineuses que le Japon s'imposa; ce serait l'équivalent de *douze milliards* chez nous.

Il était donc parfaitement décidé, sinon à faire naître une occasion de guerre, du moins à profiter de la première qui s'offrirait. Ce n'est pas en vue d'une éventualité douteuse qu'on épuise un pays jusqu'aux moelles.

L'eût-il voulu d'ailleurs que le Gouvernement n'eût pu reculer indéfiniment la guerre, car tout un parti la réclamait à la Chambre, et la société politique, qui s'intitulait crânement *anti-russe*, fondée en 1896, avait fini par grouper un nombre énorme d'adhérents. Quant aux violences qu'elle se permettait, il suffira de dire que les ministres soupçonnés pendant les dernières négociations de pencher en faveur de la paix furent menacés de mort par lettres et par des inscriptions sur leurs hôtels.

Il ne lui manquait plus qu'une condition : la certitude de ne pas être dérangé par une nouvelle entente des puissances. Cette certitude, il l'obtint en signant à Londres, le 30 janvier 1902, avec l'Angleterre une convention par laquelle chacun des contractants s'engageait à soutenir l'autre « au cas où il se trouverait en » guerre en Extrême-Orient avec plus d'une nation. »

Ainsi consacré l'exécuteur des hautes œuvres de la Grande Bretagne, le Japon n'avait plus qu'à attendre, mais sa patience fut vite à bout, car, n'ayant pas d'occasion, il chercha par trop visiblement.

***

C'est précisément en 1904 que la loi d'organisation de 1897 qui doublait l'armée devait avoir fourni les sept Classes de recrutement nécessaires à parfaire les cadres. C'est précisément à la fin de 1903 que brusquement le Japon s'aperçut que la Corée vivait sous le régime de plusieurs conventions ambiguës et partiellement contradictoires.

Il fit part à la Russie de son sentiment sur la nécessité de coordonner ces conventions, par une note du 17 novembre 1903. « Il profitait de l'occasion pour appeler l'attention du gouvernement russe sur la non-évacuation de la Mandchourie en février 1903. (En même temps, il achetait deux croiseurs cuirassés livrables *au Japon en février 1904.)*

La Russie répondit en chargeant l'amiral Alexieff, vice-roi d'Extrême-Orient, d'élaborer avec le Ministre à Tokio un projet d'entente qui fut communiqué au Japon le 24 décembre. En ce qui concernait la Corée, on y reconnaissait au Japon une situation commerciale et économique privilégiée, mais on demandait qu'il s'engageât à respecter l'indépendance de la Corée, et la

Voir Note russe publiée par le Messager du Gouvernement le 10 février. Communiqués russes des 12 & 18 février & Japonais du 3 mars.

liberté de la navigation dans le détroit. Sous ces réserves, on allait jusqu'à lui reconnaître le droit d'occuper le pays. Quant à la Mandchourie, « on n'en devait compte qu'à la Chine. »

Le Japon refusa nettement les conditions relatives à la Corée et se montra intransigeant sur l'évacuation de la Mandchourie (16 janvier). Autant dire qu'il avouait déjà ses desseins sur la Corée et son désir d'avoir la guerre.

A ce moment, la Russie ne pouvait plus avoir aucun doute : la guerre était voulue là-bas.

Crut-elle réellement, comme elle l'affirme, pouvoir l'écarter encore, ou voulut-elle simplement (et pour cause) retarder la fatale échéance ? Nous penchons plutôt pour cette seconde hypothèse, que confirme le long délai demandé pour répondre ; mais quelle qu'ait été son intention, sa réponse, analysée dans le communiqué russe du 10 février, était d'une conciliation incroyable de la part d'une puissance de cette taille.

La Russie répétait ses offres quant à la Corée, ne maintenant que la restriction relative à la liberté du détroit. Quant à la Mandchourie, elle y reconnaissait la souveraineté de la Chine et les intérêts des puissances, faisant observer qu'elle ne pouvait traiter avec le Japon seul de cette question et déclarant qu'elle ne refuserait pas en principe de soumettre la question aux puissances.

Bref, c'était la réponse qu'on craignait à Londres, où par avance et dans l'espoir de l'empêcher, les journaux parlaient « d'aplatissement de la Russie, de fourches caudines » et autres histoires ; — que l'on craignait à Tokio où des manifestants menaçaient le premier ministre comte Katsura suspect d'être pacifique.

Et le 6 février, M. Kurino, ambassadeur à Saint-Pétersbourg notifiait à la Russie qu'en présence d'atermoiements inadmissibles, le Japon se voyait forcé « de prendre des mesures indépendantes pour la sauvegarde de ses intérêts », qu'il rompait par conséquent les négociations et rappelait son ambassadeur.

Par une singulière coïncidence, c'est précisément ce jour qu'on signalait l'arrivée à Singapore des deux croiseurs argentins achetés par l'intermédiaire de l'Angleterre.

Nous avons dit que la Russie ne pouvait guère se faire d'illusions et que le seul espoir qu'elle pût conserver était de reculer la guerre.

Ce qui confirme cette opinion, c'est que, tout en envoyant sa dernière réponse, elle avait pris quelques précautions : à la fin de janvier, deux bataillons étaient envoyés en observation à Wijou — et l'Amiral Alexieff prescrivait, le 29, que les troupes fussent tenues au complet réglementaire.

Les meilleurs vaisseaux de l'escadre de la Méditerranée (Ossliablia, Aurora, Almaz) reçurent un ordre de départ pour l'Orient, que la rapidité des événements les empêcha d'ailleurs d'exécuter.

Enfin le général Voronetz, gouverneur de Vladivostock, priait le consul du Japon de s'assurer des moyens d'évacuer ses nationaux pour le cas où l'état de siège serait proclamé (1er février).

Ce sont là des précautions de guerre, évidemment, mais l'allégation japonaise que la Russie voulait la guerre tombe en présence de deux faits qui prouvent que non seulement elle ne la voulait pas, mais qu'elle ne la croyait pas même imminente :

1° Le trafic ordinaire du Transsibérien ne fut arrêté que le 9 ;

2° La Russie ne rappela aucun navire marchand.

Comparer avec le Japon qui, dès le 6, a des troupes si bien mobilisées que le 8 il peut débarquer une brigade au complet ; qui rappelle dès la mi-janvier toute sa marine marchande, allant jusqu'à supprimer les services réguliers avec l'Europe pour avoir tous ses transports sous la main.

LA SURPRISE

Chemulpo et Port-Arthur

Le 8 février, le monde apprenait avec stupeur que la guerre, déclarée la veille encore improbable, était commencée. Légalement.

Le fait d'hostilités commencées sans déclaration de guerre n'est pas isolé : le colonel Maurice de l'artillerie anglaise, auteur d'une Histoire militaire de la Grande-Bretagne, constate que sur cent dix guerres qu'elle entreprit de 1700 à 1870, dix seulement furent précédées d'une déclaration [1]. Les Russes n'ont-ils pas enlevé la Finlande aux Suédois en 1808 de façon identique ?

Le principe n'est nullement contesté par les auteurs de droit international; mais tous s'accordent à dire que les hostilités doivent au moins être précédées d'un ou de plusieurs faits quelconques indiquant clairement qu'elles sont *inévitables*. — Telle n'était pas la note japonaise du 6 février ; elle contenait bien notification de la rupture des négociations, mais elle était accompagnée d'une lettre de l'ambassadeur Kurino qui, en prenant congé, « *espérait que la rupture ne serait pas de longue durée* [2]. »

Or, à ce moment, la Russie savait que sa dernière réponse, presque trop conciliante, devait être aux mains du Mikado, et qu'elle devait, presqu'à coup sûr amener la reprise des négociations. — Elle ne pouvait donc interpréter ce chef-d'œuvre de duplicité que dans ce sens-là, et non dans le vrai qui signifiait : « De la façon dont nous nous y prenons, la guerre sera vite finie. »

[1] Il est vrai que la plupart avaient lieu contre des sauvages, ignorants de la diplomatie.

[2] Notes russes *a*) du 18 février, sur la violation de la neutralité coréenne ; *b*) du 12 février, sur le début des hostilités.
Réponse japonaise du 3 mars.

Dans la réalité, la réponse russe avait été télégraphiée le 3 février à la fois à l'amiral Alexieff et à l'ambassadeur baron de Rosen. Le 4 février, M. Kurino fut avisé par le Ministre des affaires étrangères comte Lamsdorff, de ce double envoi.

Or M. de Rosen ne reçut la réponse que le 5 février dans l'après-midi, avec un paquet de correspondances en retard [1]. Il pouvait alors l'avoir sans danger car, à la même heure, sinon plus tôt encore, un télégramme était parti portant à M. Kurino l'ordre de rompre les négociations : il les rompit en effet le lendemain 6 février à quatre heures.

S'il s'agit d'une avarie du câble, il faut avouer que le hasard a bien servi le Japon. Toujours par hasard sans doute, à dater du 1er février le fil coréen ne transmet plus rien à M. Pavloff, ambassadeur à Séoul.

La vérité est que le Japon, ayant en perspective une guerre longue et pénible, n'a négligé aucun moyen d'en abréger la durée. Voyant que son adversaire temporisait pour se renforcer, il a voulu précipiter les choses.

Les moyens pas très propres qu'il employa eussent d'ailleurs été déjoués par un peu plus de prévoyance et tirent une excuse de la réelle disproportion de forces que le temps ne pouvait manquer d'amener au moins sur terre. Mais de là à le donner comme exemple, ainsi que l'ont fait ses compromettants amis d'Outre-Manche, il y a loin.

***

But. Grâce à la surprise, on espérait : 1° prendre possession de Séoul ; 2° s'assurer le commandement de la mer en détruisant la seule escadre libre, celle de Port-Arthur (Vladivostock était gelé).

La flotte partit de Saseho le 6 février. Le 7 février, elle

[1] Interview du baron de Rosen par *le Journal* (19 mars) confirmant note du 12 février.

laissa la division Uriyu avec 8000 hommes sur des transports au large de Chemulpo, et continua vers le golfe de Petchili [1].

***

Il y avait dans le rade de ce port neutre un navire japonais le Tchiyoda, un anglais (Talbot), un français (Pascal), un italien (Elba), un américain (Vicksburg) et les russes *Varyag* de 6750 tonneaux, 6 pièces de 152^{mm}, 6 de 120^{mm}, 12 de 75^{mm} 12 officiers, 530 hommes, protégé seulement par un pont courbe; et *Koreetz*, vieille canonnière de 1200 tonnes, sans protection, avec 2 pièces de 204^{mm} *bouche*, 1 de 152^{mm}, 6 canons revolvers et 160 hommes [2]. Chemulpo.

Les relations entre les équipages étaient amicales : le jour de l'an russe (13 janvier), le capitaine du Tchiyoda avait dîné à bord du Varyag et porté un toast « à la bonne amitié des deux nations. »

Le 7 février, le Tchiyoda appareilla — on a su depuis qu'il avait été rappelé par des signaux du large.

Inquiet de cette disparition et de l'absence de nouvelles, le capitaine Roudnieff du Varyag envoya la canonnière Koreetz à Port-Arthur. Mais, à peine sorti du port, en face de l'île Yodolmi, le Koreetz rencontra 8 torpilleurs japonais. — Celui de tête lui signala d'arrêter et comme, surpris de ce signal insolite en paix, il n'en faisait rien, il lui lança une torpille qui le manqua par l'avant, puis une seconde qui passa cette fois à l'arrière. Pendant ce temps, les autres se rapprochaient, menaçant de l'entourer et, plus loin, grossissaient à vue d'œil les six croiseurs d'Uriyu.

Éloignant alors ses poursuivants de deux coups de canon, le Koreetz vire de bord et rentre au port, poursuivi jusqu'à la passe.

[1] Rapport officiel Togo, du 10.

[2] Sources : Rapport du capitaine Senès du Pascal publié par *Le Temps*. Interwiew des lieutenants Behrens et de Levitzki, par G. Leroux du *Matin*.

Au matin du 8 février, une chaloupe vient remettre au commandant du Varyag une sommation écrite d'avoir à sortir du port pour combattre, faute de quoi la flotte japonaise viendrait l'y couler. Copie de cette sommation fut remise aux commandants des navires étrangers. Réunis à bord du Talbot, ceux-ci, indignés de cette façon d'agir, rédigèrent la protestation suivante envoyée de suite :

« A bord du vaisseau de S. M., Talbot, Chemulpo, 8 février.
» Nous soussignés commandants des trois batiments neutres
» d'Angleterre, de France et d'Italie, en accusé de réception
» de votre lettre du 8, concernant votre intention d'attaquer
» les bâtiments de guerre russes actuellement dans ce port
» ce jour même à 4 heures, avons l'honneur d'appeler votre
» attention sur la déclaration suivante :

» Nous considérons que, d'après les règles connues des lois
» internationales, le port de Chemulpo étant neutre, nul navire
» n'a le droit d'attaquer des bâtiments s'y trouvant, et la puis-
» sance qui contreviendrait à cette loi est entièrement respon-
» sable de toute atteinte à la vie ou à la propriété dans un tel
» port. Nous protestons donc énergiquement contre une pareille
» violation de neutralité.

(Signé) Lewis Baily
Rof. Borea
Senès. »

Ce texte fut communiqué au commandant du Varyag, mais l'officier anglais chargé de cette mission trouva le navire en pleins apprêts de combat. Après avoir demandé l'avis du commandant Belaieff du Koreetz, le capitaine Roudnieff avait résolu malgré tout de tenter l'héroïque folie de sortir : dans le port bloqué de toute façon, il ne pouvait, respectant, lui, les lois du droit international, empêcher les transports japonais de débarquer ; il exposait très inutilement les navires de commerce et les neutres aux coups de l'amiral Uriyu qui n'avait pas les mêmes scrupules ; il perdait le bénéfice de sa superbe vitesse (23 nœuds) qui devait le rendre redoutable en haute mer s'il pouvait la gagner.

La légende veut que Belaieff ait répondu : « Sortir c'est une folie, mais je suis prêt à mourir. » L'histoire donne une réponse plus militaire : « A vos ordres et prêts à tout. »

A 11 1/2 heures, les deux navires s'engagent dans la passe à petite vitesse, le Koreetz en avant ; tous les équipages des navires étrangers sont aux bastingages et saluent de leurs acclamations le départ des sacrifiés volontaires.

A 11 3/4 heures [1], à hauteur du banc de sable qui barre presque l'entrée, on aperçoit à 8 kilomètres la flotte d'Uriyu en ligne presque parallèle à la marche, au sud de l'île Richy ; il y a là : l'Adzuma et le Tchiyoda, *croiseurs cuirassés*, Naniwa, Takachyo, Akaski, Niitaka, croiseurs protégés, et 8 torpilleurs, ceux-ci en seconde ligne. En tout, 60 pièces de plus de 10^{cm} contre 15 ; 151 en tout contre 46.

Presqu'immédiatement, l'Adzuma ouvre le feu : l'obus tombe à 30 mètres du Koreetz qui riposte, mais cesse de suite, la

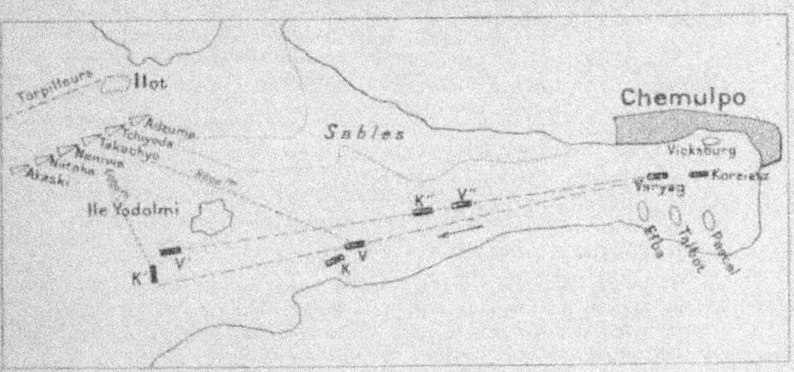

[1] Croquis du lieutenant de Levitzki reproduit par *Le Matin*.
K. V. — à 11 h. 45
K' V' — à 12 h. 00
K'' V'' — à 12 h. 30.

distance étant trop grande. La marche est accélérée. Trois coups de grosses pièces de 20^{cm} de l'Adzuma manquent encore le Varyag, mais de si près que les éclats des obus tombés en mer lui blessent des hommes.

Alors seulement (11 heures 55) le Varyag riposte, le tir repéré de toute sa batterie tribord à la fois ; à ce moment, « une fièvre étrange de combat s'empare des hommes, et ne les lâchera plus. » Un premier obus tue sur la passerelle un officier canonnier. Le Varyag donne toute sa vitesse, dépassant le Koreetz, et à midi l'on atteint l'île Yodolmi, sans cesser de répondre coup pour coup.

Il n'y a plus alors que six kilomètres de distance : toute l'artillerie japonaise entre en action, tandis que le Varyag tire sur des buts plus utiles : les protégés.

« A ce moment, dit le lieutenant Behrens, c'est une vraie » trombe d'obus. La construction de notre navire est si légère » qu'on ne sait pas, en le sentant frémir dans sa membrure, » s'il tire ou s'il est touché. Obus qui part, obus qui arrive? » on ne sait plus et nul ne s'en inquiète, chacun étant tout » entier à sa tâche. »

Cependant, déjà la vengeance est acquise : le Takachyo s'éloigne, une longue flamme montant de son avant. L'Adzuma ne tire plus que d'une de ses deux tourelles, [1] mais à quel prix ! La passerelle centrale du Varyag est emportée, avec l'enseigne de Niérod (dont le bras seul reste), ainsi que son matelot signaleur; les mâts sont hachés et des hunes d'informes débris

[1] Ces pertes furent niées, mais quelques jours plus tard, 16 mars la dépêche suivante était reproduite par tous les journaux : « Les passagers » relâchés de l'Argoun confirment que l'Adzuma est rentré à Sasebo avant » leur départ; il était penché sur le côté, sans mâts ni cheminée et la tourelle » du commandant complètement ravagée. »

D'autre part, dès que Chemulpo fut rouvert à la navigation (ce ne fut que vers le 20 mars, tous débarquements terminés), on y vit très distinctement les mâts d'un navire japonais coulé *en dehors du port*, impossible donc à confondre avec le Koreetz entièrement disparu et le Varyag toujours couché sur le flanc en pleine rade.

humains tombent sur le pont ; un obus éclate au seuil du blockhaus de commandement, tue deux hommes, casse la colonne vertébrale du timonier, blesse Roudnieff à la tempe.

Les canons en barbette du pont (ils n'ont pas même de *masques*) sont mis les premiers hors service par la poussière d'obus qui vient encrasser leur fermeture et n'ont bientôt plus de servants ; les enseignes Goubonieff (19 ans), Balk et Laboda sont grièvement blessés, mais ne quittent les pièces que quand elles sont hors service.

La batterie intérieure tire toujours, mais un obus entrant par un sabord éclate à l'intérieur, faisant dans l'étroit espace un vrai massacre ; — un autre incendie les hamacs, et les hommes valides doivent se précipiter pour éteindre l'incendie.

A midi et demi, Roudnieff ordonne de manœuvrer droit à l'ennemi ; il espère encore, grâce à ses 23 nœuds, passer devant ou au travers ; mais à ce moment même une nouvelle sinistre lui parvient : le gouvernail ne répond plus, le navire continue à tourner, *s'offrant de flanc*.

Trois coups terribles le frappent ; l'un à travers les soutes dans une des machines ; le sang-froid des chauffeurs qui, grâce aux pompes, arrêtent l'eau à 5 centimètres des feux, sauve seul d'une explosion ; les deux autres également en dessous de la flottaison. Le navire, dont le pont n'est plus qu'un charnier, s'incline mais tire toujours et, continuant à tourner malgré lui, reprend la route du port. Le Koreetz qui, pendant tout ce temps, soit grâce à sa petite taille, soit à cause de sa peinture couleur de mer, n'a reçu que deux coups peu graves, le suit.

L'Adzuma seul poursuivit et ne s'arrêta que quand il put craindre d'atteindre par son tir les navires étrangers.

***

Le Varyag et le Koreetz repassèrent donc, débris informes et sanglants, entre les navires qui les avaient salués au départ, maintenant muets d'horreur.

Sitôt ancrés, on vérifie rapidement la situation : le Koreetz est presqu'intact, mais sur le Varyag « le pont était couvert de » sang ; il en avait giclé partout ; j'ai vu un cerveau entier » échappé d'un crâne éclaté sans doute ; il y avait des cadavres » empilés, mais tous n'étaient pas là ; on en avait jeté par- » dessus bord pour manœuvrer les pièces [1]. »

Les officiers se réunissent à l'endroit le plus épargné du pont, et Roudnieff, comptant toujours marcher, les interroge chacun sur sa spécialité : « c'est ainsi qu'il nous est dit qu'il a été » impossible d'éteindre l'incendie, que le gouvernail est irré- » parable, qu'il y a encore 4 canons en état de tirer, 40 morts » et 110 blessés. »

Et, brutale, s'impose alors la seule solution : « Faire sauter le bon navire de 23 nœuds qui les portait tous. »

A ce moment s'approche un canot du Pascal portant la croix de Genève, et de grands mouvements se font à bord du Talbot et de l'Elba. Un instant, les Russes ont l'horrible idée qu'ils vont s'en aller pour laisser le champ libre aux Nippons; mais de chacun se détache une chaloupe pareille, précédant ainsi la demande de Roudnieff qui se rendait au Talbot demander un abri pour ses blessés.

Sir Lewis Baily le reçoit, lui montre sa chaloupe de secours qui part, et lui demande : « Qu'allez-vous faire ? » « Sauter ? » « En ce cas, je vous prie de vous faire couler, si cela vous est égal. » En effet le Talbot, tout proche, eût pu souffrir d'une explosion. Roudnieff répond que, pourvu que son navire soit détruit, le moyen importe peu.

Ce ne fut qu'à 3 heures qu'on put achever l'évacuation (on avait dû descendre les blessés sur des bouts de bordage et des planches à charbon). On ouvrit alors les trous de pompe, mais dans ce fond vaseux le navire mit trois heures à disparaître, persistant à montrer son arrière en flammes.

Le Koreetz, manœuvrant encore et ayant de la poudre noire,

[1] Lieutenant Behrens.

se borna à s'éloigner de quelques centaines de mètres, des étrangers, puis une bonne vieille mèche l'envoya en l'air comme les vaisseaux de la « marine en bois » d'autrefois l'auraient fait.

***

L'intervention des neutres, on ne peut plus légitime puisqu'on était dans un port neutre d'un pays reconnu indépendant par toutes les puissances [1], y compris le Japon, eut le don de vexer les Japonais, semble-t-il ; le lendemain, un officier du Tchiyoda, un de ceux que les Russes fêtaient quelques jours auparavant, vint les réclamer comme prisonniers. La réponse bien anglaise du capitaine Baily vaut une citation : « Oui, Monsieur, j'ai des passagers, mais je n'en dois compte qu'à mes chefs. »

[1] Comparer avec le cas d'un vaisseau français battu par les Anglais devant Terneuzen et qui se réfugierait à Anvers.

La situation est *identique*. Le fait que les Japonais avaient dès alors l'intention de violer la neutralité coréenne n'est qu'un *fait* et ne peut faire naître de *droit*.

Notons ici les fausses nouvelles de source japonaise-anglaise, car elles sont particulièrement odieuses, essayant de salir les victimes :

Tokio, 8 février, au Daily-Telegraph : « Deux navires se sont rendus à Chemulpo » *sans tirer un coup de canon.* »

Tokio, 10 février, à Havas : « Les Japonais se sont *rendus maîtres* de deux » navires qu'on *croit* être les Varyag et Koreetz : le Koreetz a été coulé et » le Varyag réduit à l'impuissance ; *l'équipage qui avait débarqué sur le rivage* » *a été capturé,* les navires Japonais ont été légèrement endommagés. »

Officiel (!!) par la Légation japonaise, 10 février :

« L'escadre escortant les transports rencontra le Koreetz qui prit *l'offensive* » *et fit feu sur les torpilleurs.* Ceux-ci lancèrent sans succès deux torpilles. » (Remarquer l'adresse : on ne dit pas si c'est avant ou après, mais on cherche à le faire entendre.)

« Le lendemain, l'amiral Uriyu les somma de sortir avant midi, faute de » quoi il serait forcé de les attaquer. Étant sortis à 11 h. 1/2, l'engagement » eut lieu au delà des îles Polynésian. Au bout d'une heure, les Russes cher» chaient un abri *dans ces îles (??)*. Le Varyag coula et, vers 4 heures du matin, » on apprit que le Koreetz avait sauté. Les équipages se sont réfugiés à *bord* » *du Pascal.* » (On glisse sur le Talbot, espérant sans doute que l'Angleterre désavouerait sir Lewis Baily.)

« Les Japonais n'ont AUCUNE perte. »

M. Pavloff, ambassadeur de Russie à Séoul, donna sa parole que les restes des équipages ne serviraient plus pendant la durée de la guerre, et coupa court au conflit qui menaçait : les réfugiés purent dès lors rentrer en Russie par le Pascal, puis le paquebot « l'Australien ». Le peuple russe leur a fait à juste titre une ovation enthousiaste, et les récompenses ont plu.

Quant aux Japonais, leur haut fait prend place à juste titre entre les 72 heures de massacre des Chinois après la prise de Port-Arthur, et la destruction du transport de troupes chinois Kowsing par des torpilleurs *qui ne recueillirent que les officiers étrangers.*

Mais le résultat voulu était obtenu : à peine le Varyag eut-il coulé que les transports, massés derrière la flotte, arrivaient, les appontements tout prêts étaient montés et 8000 h. débarquaient, marchant sur Séoul.

La violation de la neutralité coréenne était un fait accompli.

***

Port-Arthur [1].

Port-Arthur, nous le verrons, n'a pas de rade intérieure et son goulet n'est praticable aux grands vaisseaux qu'à marée haute.

L'escadre, revenue après une sortie d'essais et devant repartir le 9 février, n'était à cause de cela pas rentrée dans le port, sauf toutefois les torpilleurs, qui pouvaient passer en tout temps et, par contre, auraient fatigué très inutilement, croyait-on, en restant dehors. Le 8 février, elle était donc mouillée sur trois lignes dans la rade extérieure avec un seul éclaireur, l'Angara, transport armé ; les navires étaient sous petite pression en vue

[1] Sources : Lettres de Port-Arthur de L. Naudeau du *Journal.*
Interwiew de MM. Miège et Lèbre (mécaniciens des Forges de la Méditerranée embarqués sur le Césarewich), par *l'Écho de Paris.*
Interwiew de Mme Starck *(Écho de Paris).*
Interwiew de Mme Moss *(Matin).*
Récit d'un témoin oculaire au *New York Herald,* 10 février.
Rapports officiels : Alexieff, des 8, 10, 12 et 18 février.
Rapports officiels : Togo, du 11 février.

du départ du lendemain ; pour le même motif, la majeure partie des équipages était à bord.

Mais, sauf quelques grincheux qui prédisaient une offensive foudroyante comme en 1894, la majorité des officiers semble, malgré tous les démentis, avoir conservé la douce illusion qu'il leur restait quelques jours à bien vivre avant la bataille et s'être en conséquence donné tout le bon temps possible [1].

C'est que Port-Arthur n'est plus une bourgade : il y avait des hôtels, des cafés, un club, un théâtre et ... une quantité anormale de femmes, paraît-il.

Et cependant, ce jour-là même, le consul japonais à Chefou était venu chercher ses nationaux pour les rapatrier, ce qui signifiait bien quelque chose. Loin de le surveiller, les hauts fonctionnaires russes l'invitèrent à dîner et burent avec lui au maintien de la paix : il emmenait sous le costume de domestique un officier de marine japonais qui put, en traversant au départ toute l'escadre russe noter la position de ses navires [2].

***

Pour la nuit, comme la lune brillait, on se contenta d'allumer un seul projecteur, celui de l'*Angara*.

La lune fut-elle voilée de nuages ou bien les Japonais usèrent-ils réellement, comme on l'a prétendu, des signaux russes pour s'approcher impunément ? On n'en sait rien et jamais on n'en saura rien sans doute, chacun des deux adversaires ayant trop d'intérêt à dissimuler l'un sa naïveté, l'autre peut-être sa déloyauté.

Toujours est-il qu'à 11 h. 1/2 trois explosions successives éclataient au beau milieu de l'escadre russe ; les équipages, aussitôt sur pied, apercevaient quatre torpilleurs japonais achevant de

[1] Il résulte cependant de l'interwiew de Mme Starck qu'il n'y eut pas ce soir-là de banquet en son honneur, et qu'au moment de l'attaque l'amiral Starck était à bord, contrairement à ce que disent certains journaux.

[2] Déclaration du consul japonais lui-même au *New York Herald*. Cet intéressant fonctionnaire s'en vantait comme d'un haut fait.

décrire à toute vitesse une courbe à travers les lignes des vaisseaux. Les projecteurs s'allumèrent, toute l'artillerie légère fut mise en action, mais les torpilleurs disparurent dans la nuit, enfuis ou coulés ?

Toute cette action n'avait duré qu'une demi-heure, mais jusqu'à trois heures du matin l'on continua, croyant voir des torpilleurs partout, à tirer par intermittences.

Dans cette brève surprise, la Russie perdait ses deux meilleures unités et un bon croiseur : Le *Cesarewich*, torpillé à l'arrière près du gouvernail, avait une cuirasse intérieure qui protégea ses cloisons étanches contre l'explosion. Il lui suffit de laisser remplir quelques-uns de ses compartiments-avant, pour empêcher son arrière de piquer et, dès trois heures, il rentrait au port, gouvernant par ses machines. Le *Retvisan*, frappé à l'avant, portait une déchirure de 30 pieds de long ; l'eau pénétrait à flots. Heureusement à marée basse il toucha sur un bas-fond au pied du Golden Hill [1], près de l'entrée du goulet. Dans cette position, il ne donnait presque pas de bande et conservait assez de stabilité pour tirer. Mais quant à le sortir de là, ce ne fut que le 7 MARS qu'on y réussit [2]. Pour cela, on aveugla la voie d'eau provisoirement et on le souleva entre deux navires marchands coulés à ses côtés puis renfloués au moyen de leurs pompes. Le *Pallada*, bien qu'au fond le plus maltraité (il avait été frappé en plein centre d'une torpille qui détermina l'explosion d'une chaudière), fut assez facilement rentré grâce à son faible tonnage.

En hommes, les Russes ne perdaient que 7 tués et 8 blessés, presque tous du Pallada ; — les Japonais avouaient 4 tués et 34 blessés — aucune perte de navires. [3]

[1] Et non dans le goulet, comme les journaux anglais s'empressèrent de l'affirmer.

[2] Interwiew du capitaine du charbonnier anglais Foxton-Hall, sorti de Port-Arthur le 14 mars.

[3] *Dépêche de Chefou au Herald* (remarquer que tous les autres renseignements y contenus ont été ultérieurement confirmés) : « Sur les quatre torpilleurs » japonais, trois ont été coulés, seul le quatrième a échappé, parce qu'il filait » 28 nœuds »

***

Ce n'était que le début. Dès le lever du jour, à 7 h. $^1/_2$, parut à l'horizon la première division (légère) japonaise qui défila dans la direction sud-ouest, cherchant visiblement à attirer les Russes à sa poursuite. Le contre-amiral Starck se contenta d'envoyer à 8 heures, pour les observer, le Boyarin qui les suivit, disparut, puis revint à toute vapeur à 10 h. $^1/_2$, annonçant l'arrivée imminente de toute l'escadre japonaise.

La flotte russe prit alors sa position de combat : les cuirassés rangés sur une ligne restaient sous la protection des canons du front de mer ; les croiseurs :

Askold et Boyarin à hauteur du Rocher Lutin ;

Les Bayan, Diana et Pallada au centre ;

Le Novik seul à droite, au pied du Liao-ti-chan.

La flotte japonaise était composée de 6 cuirassés, 5 croiseurs cuirassés et de l'éclaireur d'escadre Akaski. [1] La première division, revenue de sa démonstration, prolongeait sa droite en échelon.

A sa vue, l'escadre russe se porta résolument en avant, tandis que les batteries de côte commençaient à tirer. Les Japonais ouvrirent le feu à 8 kilomètres, uniquement sur la flotte, vers midi ; mais la rapidité de la marche des deux escadres réduisit rapidement la distance à 4500 mètres. Alors, la gauche et le centre russes regagnèrent la rade par une évolution, démasquant les cuirassés ; le Novik seul cessa d'avancer, s'approchant à plusieurs reprises de la division cuirassée. Il semble que sa petitesse et sa rapidité le sauvèrent dans cette action téméraire.

Dépêche publiée par la Légation japonaise à Washington : « Dans la première » attaque nous avons eu 4 tués et 34 blessés. Les torpilleurs sont rentrés » sans autre dommage. »

Remarquer que l'équipage d'un torpilleur est de 37 hommes. Ce serait donc une perte de 25 % en personnel. Et le matériel ne se serait jamais mieux porté ! Allons donc !

[1] D'autres disent le Tatsuta.

A midi 15, continuant cette lutte assez rapprochée de leur artillerie moyenne, les Japonais répondent de leurs grosses pièces au feu des batteries du Golden Hill ; mais leurs coups trop longs tombent dans la ville, y jetant la panique la plus épouvantable, bien qu'on ne signale pas d'accidents de personnes.

Les batteries du Golden Hill et du Projecteur, où l'amiral Alexief se tenait en personne, protégées par leurs épais blindages et trop hautes pour être facilement atteintes par les pièces de tourelle à angle de tir forcément réduit, ne souffrent pas ; on y mit surtout en action des mortiers de 228mm dont le tir plongeant fit le plus grand mal aux Japonais.

Par contre, la batterie basse au pied du Golden Hill, qui ne pouvait tirer étant masquée par l'escadre russe, reçut les coups trop courts destinés aux autres, et supporta presque toutes les pertes de la journée.

Bref, 45 minutes seulement après le début de ce bombardement, l'escadre japonaise se retirait.

« Elle n'avait subi, dit l'amiral Togo, que des avaries sans im-
» portance et sa valeur combative n'était nullement amoindrie »
(4 tués et 54 blessés).

En réalité, le *Shikishima* avait un obus à la flottaison et le *Fuji* sa tourelle avant hors service ; l'*Iwate* une tourelle pour canon de 208mm détruite ; l'*Hatsuse*, le *Yakumo*, l'*Adzuma*, des avaries légères ; *l'Akaski était coulé*, le capitaine Yamanaka, du Fuji était tué. [1]

[1] Le 17 février, *le Daily Mail*, peu suspect d'être russophile, cite l'Iwate, le Fuji et le Shikishima.

Le 5 mars, *le Daily Telegraph* : « Le Japon n'a perdu qu'un petit croiseur.
» Il y a bien deux navires avariés mais ils seront vite réparés. »

12 mars. Interview de Mme Starck : « Le 9 mars, nos officiers ont vu un
» croiseur japonais qui penchait fortement. Quatre grands navires étaient
» remorqués. »

5 mars. Les passagers de l'Argoun rapportent que le 13 février ils virent arriver à Saseho le croiseur Adzuma *et un autre* avec de graves avaries.

16 mars. Les passagers relâchés de l'Ékatérinoslaw rapportent qu'ils ont vu rentrer à Saseho quatre navires japonais avec de graves avaries. L'un d'eux avait son bossoir emporté.

Les Russes avouent 14 tués et 74 blessés de la marine, 1 tué 11 blessés des batteries. Le *Poltava*, l'*Askold* et le *Novik* avaient chacun un obus à la flottaison; le *Pobieda*, une passerelle, et le *Bayan* une cheminée endommagée. L'*Angara*, en voie de transformation en navire-hôpital, était gravement avarié [1].

***

Ainsi, en deux jours, les Russes se trouvaient privés de :

Trois cuirassés : Cesarewich, Retvisan, Poltava;

Quatre croiseurs : Varyag, Askold, Pallada, Novik.

Soit une diminution *de moitié*, rendant pour longtemps illusoire toute lutte ouverte.

Le commandement de mer appartenait sans conteste au Japon.

En effet, s'il avait des avaries presque égales — deux cuirassés avariés gravement, deux croiseurs perdus, — où l'égalité cessait c'était dans les moyens de réparation.

[1] Le rapport officiel de l'amiral Togo doit être cité en entier, pour en faire admirer toute l'habileté.

« Après le départ de Sascho, le 6 mars, de la flotte combinée, tout se passa suivant nos prévisions.

» Le 8 février, à minuit, les torpilleurs attaquèrent l'escadre ennemie dont la majorité des navires se trouvaient en dehors de la baie. Le *Poltava*, l'*Askold et deux autres* furent apparemment frappés.

» Le 9 mars à midi, la flotte s'avança au large de la baie et attaqua l'ennemi pendant 40 minutes en lui causant, *je crois*, beaucoup de dégâts. *J'estime* que l'ennemi a été très démoralisé; il cessa le combat à une heure et *sembla* battre en retraite vers le port. L'escadre japonaise n'a subi que *des avaries sans importance et sa valeur combative n'est pas amoindrie.* Nos pertes sont de 4 tués, 54 blessés. Les princes impériaux sont sains et saufs. Officiers et équipages se sont conduits froidement comme à la manœuvre.

» Ce matin, en raison du fort vent du sud, les rapports des commandants de navire ne sont pas parvenus, de sorte que je me borne à relater les faits ci-dessus. »

Il nous a suffi de souligner quelques mots prouvant que l'amiral Togo était bien mal renseigné sur les pertes réelles de l'adversaire, mais le dernier paragraphe est édifiant : Ainsi l'amiral avoue que son rapport n'est que *provisoire*, parce qu'il n'a pas reçu tous les éléments nécessaires. Cependant le définitif ne fut jamais publié.

Il y avait en effet à Sasebo de splendides établissements pourvus de tout, tandis qu'à Port-Arthur il fallait avant tout : achever provisoirement en pilotis la cale nouvelle, agrandir la cale chinoise et en déplacer l'écluse, faire venir de Russie 3000 ouvriers, des plaques de cuirasse, etc.

Aussi, tandis que nous constaterons la rentrée en ligne avant le 12 avril de toutes les unités japonaises, nous ne trouvons dans ce cas que l'Askold et le Novik ; le Poltava ne fut prêt qu'en mai, le Cesarewich et le Pallada le 1er juin, le Retvisan dans le courant de juin.

⁂

Effets immédiats. a) Sur Mer.

Les Japonais ne perdirent pas un instant pour tirer parti de cette situation :

Dans la journée même du 6 février, leurs petits croiseurs capturaient « l'Argoun » de la Compagnie Est-Chinois, le Georges, le Mikaïl et l'Alexandre de la Compagnie des pêcheries, le 7 février, le Moukden de l'Est-Chinois, celui-ci *dans les eaux coréennes*. Le 10 février, le « Kolik » de la Compagnie du Kamtchatka entrant innocemment à Yokohama était saisi.

De son côté, la flotte principale avait arrêté le « Mandchouria » et « l'Ekaterinoslav » parti de Shanghaï le 7 février après avoir débarqué 1500 recrues à Port-Arthur.

On donnait en même temps un délai de 15 jours aux navires en réparation au Japon pour partir, mais on leur refusait des ouvriers pour continuer leurs travaux.

Toutefois, leurs principaux objectifs leur échappèrent. Le « Voronèje » de la flotte volontaire qui venait de débarquer 1200 recrues à Vladivostock leur échappa : trois fois, ils crurent le tenir et, selon leur habitude, firent annoncer la chose comme faite par la presse anglaise : il commence par éviter la croisière de l'amiral Yamamoto dans le détroit de Corée en se peignant en noir et en longeant au plus près les îles. A hauteur de Quelpaert, une tempête terrible éclate ; grâce à elle, il passe à côté d'un croiseur ennemi trop occupé de lui-même pour l'apercevoir, et entre à *Port-Arthur le 10 février*. Deux jours après, il en repart de nuit, tous feux éteints, traverse le blocus et entre à Shanghaï, bravant « l'Akitsushima » qui garde la côte ; il en repart encore de nuit et se rend à Singapore.

Mais, cette fois, la partie semblait bien perdue : deux croiseurs japonais gardaient le détroit de Malacca ; et, sitôt entré, le capitaine Chichmareff comprend qu'il n'y a rien de bon à attendre des Anglais. On lui assigne un séjour de 24 heures ; on lui refuse d'abord du charbon, puis on ne lui en donne que 300 tonnes, et encore du charbon japonais. Ayant en outre la conviction qu'officiellement ou officieusement les Japonais seront aussitôt prévenus de son départ et de sa direction, il se met en route le soir très ostensiblement vers l'Europe ; mais sitôt la nuit venue il fait machine arrière, entre par le détroit de Gaspar dans la mer de Java, et, contournant les Indes néerlandaises, il gagne l'océan Indien... Les Japonais l'attendaient encore à Malacca !

La goëlette « Nouni » leur échappa autrement : à la faveur du brouillard, les matelots coupèrent la remorque qui les unissait au navire japonais et rentrèrent à Vladivostock, emmenant prisonnier l'équipage de prise.

Le tribunal des prises japonais a, dit-on, confirmé toutes ces captures. C'est probable, mais au regard du droit international sont seules valables celles faites après le début des hostilités, ce qui exclut déjà les cinq premières (des 6 et 7 février).

D'après certains auteurs même, il faut que les navires de commerce *aient pu connaître* les hostilités, ce qui les rendrait *toutes* de simples abus de force, nuls devant le droit, et qui peuvent coûter cher au Japon s'il n'a pas le dessus, car *toutes* ont eu lieu avant la déclaration de guerre.

***

La Corée, privée de toute protection, retombait sous le joug

b) Au point de vue politique.

japonais. Dès le 7 février, la garnison de Séoul est de 4000 hommes. On a prétendu qu'aux 1000 hommes de garnison légale s'étaient ajoutés 3000 réservistes de la colonie japonaise ou même amenés ad hoc. Ce point n'est pas éclairci, mais le fait est là.

Le même jour, Masampo est occupé et le 8 février, 8000 hommes débarquent à Chemulpo, et 4000 à Gensan. La garnison légale de 1000 Russes se retire vers le Nord [1].

Dès lors, tout change en Corée : Séoul, sévèrement gardée, reste parfaitement calme. Le 10 février, M. Pavloff quitte Séoul, volontairement, dit-on, — la note russe du 18 février affirme qu'il en fut sommé.

Le 15 février, un communiqué aux journaux annonce que l'empereur a déclaré « qu'il approuvait le Japon et ne confierait jamais son empire à une autre puissance. »

Le 19 février, un édit confie aux Japonais l'administration du télégraphe, et, sans souci de la concession française, leur remet le chemin de fer Séoul-Wijou.

Le 25 février, on apprend que Yiyongik, l'ex-ministre, est déporté au Japon, que des exécutions en masse ont lieu, que les prisons sont pleines.

Enfin, le 28 février, paraît une convention datée du 23 :

« I. Dans le but de maintenir une amitié solide entre la » Corée et le Japon, le gouvernement impérial de Corée mettra » dans le gouvernement impérial du Japon une confiance absolue, » et adoptera ses conseils pour l'amélioration de l'adminis- » tration.

» II. Le gouvernement impérial du Japon assurera la tran- » quillité et le salut de la maison impériale de Corée.

» III. Le gouvernement impérial du Japon garantit de » manière définitive l'indépendance et l'intégrité territoriale » de la Corée.

» IV. Dans le cas où le salut de la maison impériale de

1 *New York Herald* du 12 février.

» Corée ou l'intégrité territoriale seraient en danger, soit par » agression d'une tierce puissance, soit par des troubles inté- » rieurs, le gouvernement impérial du Japon prendra immé- » diatement les mesures qu'exigent les circonstances, et le » gouvernement impérial Coréen donnera toutes les facilités » pour aider son action. Il pourra, dans le but susmentionné, » occuper les places qui pourraient être nécessaires au point » de vue stratégique quand les circonstances l'exigeront.

» V. Les gouvernements des deux pays ne concluront dans » l'avenir, sans un consentement mutuel, aucun arrangement » avec une tierce puissance.

» VI. Les détails concernant le présent protocole seront » déterminés entre le représentant du Japon et le ministre » des affaires étrangères de Corée. »

Le Japon n'anticipait donc que de 24 heures quand il déclarait, le 22 février, qu'en envahissant la Corée au mépris de la déclaration formelle de neutralité par elle faite le 4 janvier, il n'agissait qu'avec son « adhésion ».

Mais tout cela pèche par la base, et la Russie avait bien mis le doigt sur la plaie dans sa circulaire du 18 février quand, après avoir flétri les attentats au droit des gens commis à Masampo, Chemulpo et Séoul, elle disait qu'*à la suite de l'usurpation de pouvoirs commise en Corée par le Japon, elle ne pouvait considérer la Corée comme en état d'indépendance et déclarait de nul effet toutes les ordonnances et déclarations qui pourraient être publiées par le gouvernement coréen.*

C'était une mesure prudente, car les Japonais ne s'arrêtèrent pas là.

L'armée japonaise constitua des brigades mixtes d'occupation, en joignant à ses unités de réserve les soldats coréens qui voulurent bien ne pas déserter ; elle fait exploiter pour sa subsistance l'immense domaine privé de l'Empereur, elle réquisitionne des porteurs et des chevaux; elle construit deux lignes de chemin de fer, elle fortifie Masampo, Séoul, Gensan et Ping-Yang.

Enfin, pour ne pas oublier ses intérêts, le Japon fait retirer la concession des forêts aux Russes et se la fait octroyer.

Désormais il est en Corée comme chez lui.

I. — Le Théâtre de la Guerre

ET LES OBJECTIFS POSSIBLES

LE THÉATRE DE LA GUERRE

On crut tout au début que la guerre allait devenir européenne et mettre le monde entier en feu : l'Angleterre n'était-elle pas l'alliée du Japon, la France celle de la Russie ? La Chine n'allait-elle pas profiter de l'occasion ? Limitation.

Les plus graves journaux se firent l'écho de bruits alarmants, auxquels les mesures des divers gouvernements donnaient créance : la France renforçait en Orient ses forces de terre et de mer ; l'Espagne armait les Baléares ; le Danemark les détroits ; on prétend même que la Belgique fut priée de mettre Anvers en défense du côté de la mer.

Aussi, pendant 15 jours, il y eut dans toutes les Bourses européennes, mais surtout à Paris, une panique sans exemple depuis 1870, frappant jusqu'aux valeurs sans aucune relation avec la guerre ou qui pouvaient même en profiter.

Mais, dès le 10 février, M. Hay, secrétaire d'État des affaires étrangères d'Amérique adressait aux puissances, par ses agents diplomatiques, une circulaire leur demandant de se joindre aux États-Unis pour garantir *pendant la durée de la guerre, la neutralité et l'entité administrative de la Chine* et de *limiter autant que possible le théâtre des hostilités.*

La plupart acquiescèrent d'emblée, — notamment, le 11 février, le Japon et l'Angleterre, — quelques-unes en demandant l'explication des termes assez ambigus de la circulaire. La Russie ne donna son adhésion que sur l'assurance qu'on n'avait nullement entendu neutraliser les territoires qu'elle occupait.

Des notes échangées entre la Chine et le Japon précisèrent encore : le Japon s'engageait à respecter la neutralité chinoise dans les limites où la Russie la respecterait. La Chine s'engageait à la faire respecter dans tous les territoires non occupés par les Russes, c'est-à-dire à l'ouest du fleuve Liao, en exceptant les villes occupées par les détachements européens.

D'autre part, successivement, toutes les puissances, y compris la France et l'Angleterre, proclament leur neutralité, et l'on apprend même que ces deux puissances qu'on regardait comme presqu'en guerre déjà, sont en voie de conclure un accord aplanissant tous leurs différends, notamment la question de Terre-Neuve.

Dès lors, la guerre se limitait aux adversaires primitifs, et son théâtre à leurs territoires, et en outre à la Corée (où l'on reconnaissait donc le fait accompli) et à la Mandchourie à l'est du Liao.

LA CORÉE

Gouvernement. Armée. [1]

La Corée constitue depuis 1894 (Simonosaki) un État indépendant. L'empereur gouverne seul, assisté d'un conseil des ministres qu'il nomme. Dans la réalité, lui-même, entouré d'un vrai harem, est dominé par le pouvoir occulte des eunuques.

Au moment de la guerre, le premier ministre était Yiyongik, ministre de la guerre, partisan de la Russie. L'empereur lui-même était russophile, ce qui se conçoit sans peine.

[1] Sources : G. Ducroc, *Pauvre et douce Corée.* — Récits d'un missionnaire dans *l'Ami de l'Ordre.* — *Géographie* Grégoire et Reclus. *Revue de l'Armée belge*, N° de mai 1904.

L'administration, recrutée par le système chinois du mandarinat, est incroyablement avide et corrompue, au point qu'on y voit une cause de l'apathie du peuple : un Coréen qui a de la fortune la cache ; celui qui n'en a pas ne fait rien pour en acquérir, tant il est certain qu'on trouverait un prétexte pour la confisquer en bloc, trop heureux s'il n'est pas en outre découpé lui-même en un nombre variable de morceaux. Sauf les douanes, comme il n'y a pas de cadastre, tout autre système d'impôts est inconnu.

L'armée compte 17000 hommes qui ont des uniformes européens, et qui ont eu des instructeurs russes; mais la matière est mauvaise et l'on n'en fera jamais rien : ils abandonnent la manœuvre du fusil pour tirer à l'arc, et désertent dès qu'on veut les déplacer de la garnison où ils ont leurs habitudes.

***

Le peuple considère le Japonais comme l'ennemi-né, et l'on conçoit qu'une idée installée chez un peuple depuis l'an 200 de notre ère, ait la vie dure. Il y a, dans cette haine, le souvenir, resté vivace à travers les siècles, de 443 ans de domination japonaise (jusqu'en 663) qui suivirent la conquête. Mais il y a, d'autre part, une profonde différence de race : le Coréen, élancé de formes, plutôt bistré que jaune (les femmes qui ne sortent que le soir sont même blanches), et aux traits aquilins. Le Japonais petit, court sur jambes, jaune de teint, noir de cheveux. Tandis que chez le Japonais l'origine malaise domine incontestablement, on sent le Coréen beaucoup plus proche de nous, rattaché de bien près aux races indo-européennes. Peuple.

La tentative de modernisation de 1898 a mis le comble à cette hostilité. Les Japonais s'y montrèrent mesquinement tracassiers, heurtant de front des coutumes aussi innocentes que séculaires : ordonnant par exemple aux Coréens de recouper leurs pipes, qu'ils trouvaient trop longues, démolissant les quelques monuments qu'il y avait à Séoul, sous prétexte qu'ils rappelaient la suzeraineté chinoise.

Mais le Coréen est tellement enraciné dans ses habitudes de laisser-aller, qu'il ne fera pas un pas pour réaliser ses rancunes. Il ne travaille que strictement le nécessaire à sa vie, fumant le reste du temps, ce qui fait que le pays n'a presque pas d'exportation et que les richesses minières demeureraient inexploitées sans des entreprises anglaises ou américaines.

***

Tongaks.[1] Dans le Nord seulement, les montagnards et forestiers ont gardé quelque indépendance et quelque énergie : ils sont d'ailleurs en relations constantes avec le nombre toujours grossissant de leurs compatriotes qui se réfugient sur le territoire russe, fuyant l'oppression des fonctionnaires. L'administration russe ne passe pas pour paternelle, et cependant c'est un Éden pour ces malheureux qui bien vite y retrouvent la fierté d'eux-mêmes, le goût du travail et sont, au dire des Russes, d'excellents éléments dans la province du Littoral.

C'est dans la région montagneuse du Nord que s'est formée la secte des Tongaks. Fondée en 1859 par Tchoi-Chei-Chou, la « doctrine orientale » révélée à son fondateur « par un ange » est tout simplement le christianisme enjolivé de maximes morales de Confucius. Aussi, en 1865, le prophète fut exécuté à Kiengseng dans une fournée de vrais catholiques.

En 1893, ses disciples ayant demandé en vain sa réhabilitation, mirent à mort plusieurs fonctionnaires, s'emparèrent de plusieurs villes, battirent même les troupes de l'Empereur, qui dut demander secours à son suzerain de Chine. Ce fut

[1] Sources : *le Temps* et *l'Écho de Paris*.

même l'occasion de la guerre de 1894. Cette guerre profita aux Tongaks qu'on laissa tranquilles. On prétend que la majeure partie des provinces du Nord leur est acquise et que même des fonctionnaires en font secrètement partie.

***

Le pays comprend trois zones différentes. Aspect du pays. Productions.

Le *Sud* a la latitude de l'Algérie. Climat humide et chaud. Côtes découpées et rocheuses : grand nombre de bons ports dont les principaux sont Fusan et Masampo. Dans l'intérieur, ondulations du sol fréquentes, capricieuses, mais de peu de relief. Culture du riz dans toutes les vallées.

Le *Centre* : Latitude de la Sicile, climat du Danemark. Côtes fréquemment ensablées, un seul port, d'accès difficile à cause des vases, à Chemulpo (25 kil. de Séoul).

Les ondulations s'élargissent et s'élèvent ; on cultive concurremment le riz dans les vallées et le froment à mi-côte.

Le *Nord* : Latitude de la Sardaigne. Climat de Pétersbourg. Les côtes fortement ensablées à l'ouest : les ports dans l'estuaire des fleuves (Chinanpo du Taïtoung et Yongampo du Yalou). A l'est, au contraire, la côte est rocheuse et tombe à pic ; la mer atteint très vite de grandes profondeurs. Ports nombreux et bons : Gensan et Port-Lazareff au sud et au nord de la baie Broughton-Syengtjin dans la baie Plaksin, etc.

Cette région est couverte par la chaîne de Païk-san qui, partant de l'ouest de Gensan, longe dès lors toute la côte à 50 ou 60 kil. de distance jusqu'au Toumen, frontière russe. Sommets aux Atekrieng (1470 mètres).

On cultive uniquement les vallées, et encore sont-elles souvent inondées à la fonte des neiges en mars. Une grande partie de la population s'occupe de la recherche de la racine de ginseng. Quant aux montagnes, elles sont couvertes d'épaisses forêts, la plupart encore vierges. On y rencontre des ours, des buffles et même des tigres à fourrure épaisse.

***

Note générale. — Au Nord comme au Sud, les routes sont indescriptibles. La plupart sont de simples pistes à travers tout, pleines d'ornières en été, vrais océans de boue aux pluies.

LA MANDCHOURIE [1]

Gouvernement. Armée.

La Mandchourie n'a pas de vice-roi : le général tartare cumule les fonctions civiles et militaires. Les Russes, bien qu'occupant la ligne de chemin de fer et les principales villes, ne se sont pas immiscés dans l'administration chinoise qui continuait à percevoir les impôts et à rendre la justice selon les anciens errements.

L'armée subsistait, mais uniquement formée de troupes des 8 bannières, sans instructeurs européens, au moins ouvertement; l'arsenal en construction en 1900 à Girin était abandonné, et les restes des troupes armées à l'européenne chassées de Mandchourie en 1900 avaient grossi les forces de Mongolie et du Petchili.

***

Peuple.

Berceau de la dynastie mandchoue, le pays a perdu, du moins au Sud, toute physionomie propre par suite de l'immigration chinoise qui, pendant des siècles, est venue noyer les Mandchous de son flot. Le Chinois s'y retrouve comme il est partout dans l'empire : travailleur infatigable et sobre, ne demandant que la paix et la tranquillité, craignant Dieu et les mandarins dont il se garde soigneusement, et cultivant la mémoire de ses ancêtres.

[1] Voir : capitaine de Maillane de Lacoste, *A travers la Mandchourie*.

Il n'a pas ce que nous appelons patriotisme, mais déteste le « diable étranger » parce qu'il n'est pas conforme à la notion qu'il se fait d'un homme civilisé, qu'il est trop curieux et peu respectueux des ancêtres.

***

Kounkouzes.

Du reste très capable de grande énergie quand, poussé à bout, hors la loi, il ne peut poursuivre son labeur. Les « Kounkouzes ou brigands à barbe rouge » sont recrutés de ces outlaws, qui, bien que grossis de mongols étrangers au pays, y conservent des sympathies même chez ceux qu'ils rançonnent.

Avant l'arrivée des Russes, ils percevaient même des péages réguliers sur les routes. Des battues jusqu'en Mongolie, à la faveur de la guerre de 1900, en ont détruit un grand nombre ; mais il semble que les bandes sont subsidiées par quelqu'un (?), car elles reparaissent nombreuses, bien montées et bien armées, et les « gardes-frontières » russes auront à compter avec elles.

***

Aspect du pays et productions.

On a comparé l'Est de la Mandchourie à la Suisse, et non sans raison : il est difficile de concevoir pays plus tourmenté, aux aspects plus imprévus : aux montagnes abruptes succèdent des vallées cultivées avec toute l'ingéniosité chinoise, des herbages où paissent de nombreux troupeaux.

L'orographie de cette région est un fouillis ; on peut y reconnaître cependant deux chaînes principales : la première et la plus haute va de l'est de Feng-hoan-cheng à Girin ; une autre s'en détache vers Sin-King et vient rejoindre le Yalou par un crochet autour de Kouanjensien.

La seconde, à l'est du chemin de fer, qui la longe à 50 ou 60 kil. de distance, a des sommets de 1200 mètres encore, mais est, par surcroît, fort abrupte ne laissant qu'une dizaine de points de passage.

Le chemin de fer forme la limite de cette zone ; à l'ouest, s'étend la large vallée du Liao, où la culture chinoise atteint toute son intensité. Newchwang ou plutôt Inkeou (car le port a dû être reporté à la nouvelle embouchure du fleuve par suite d'ensablements) est par conséquent un des grands ports d'exportation de la Chine. On y charge des céréales et des « pains de fèves », sorte de gâteaux de haricots.

La vallée a 120 à 150 kilomètres de large ; au delà, c'est tout de suite la Mongolie avec ses steppes. Le chemin de fer anglais de Pékin la traverse, mais les Russes ont refusé de le laisser raccorder à leur ligne tant à Inkeou qu'à Sin-min-ting.

Par suite de l'existence de cette ligne et du grand trafic maritime, l'influence anglaise prédomine dans cette région.

LE KWANTOUM

La péninsule du Liao-Tong étant vue de la mer sur trois côtés était l'endroit le plus périlleux pour les Russes, et c'est là qu'étaient leurs intérêts les plus graves. Depuis le jour où, par le traité « Cassini », ils reçurent à bail le territoire du Kwantoum, c'est-à-dire toute la péninsule au sud d'une ligne tirée de Port-Adams à Pitzevo, ils n'ont cessé d'améliorer leur acquisition.

Port-Arthur s'est relevé de ses ruines plus fort qu'autrefois (13 millions de roubles étaient encore prévus pour lui au budget de 1904), et l'on a créé Dalny.

Dalny (lointaine) est une idée de l'amiral Alexieff [1] : « Talienwan était trop vaseux, dit-on ; et Port-Arthur devait » rester ville de guerre ; les Russes ne pouvaient mieux se » montrer aptes à mettre en valeur ce qu'on leur confiait » qu'en créant ce San-Francisco d'Asie ! »

On se mit donc à l'œuvre, à coups de millions : la baie

[1] Voir *le Temps*.

fut draguée, des quais, des docks, des casernes, des maisons de fonctionnaires furent bâtis, mais le commerce s'obstinait à ne pas y aller ; on dut supprimer la douane maritime de Port-Arthur, pour que celle de Dalny enregistrât ses premières entrées.

Le Kwantoum obéissait au Gouverneur, général Stoessel, ayant sous lui, pour l'administration, le général Smyrnoff. Les lois russes y sont en vigueur. Il y a une population de 14.000 Européens, en majorité Russes, 25.000 hommes de garnison de paix et 120.000 Chinois.

Le péninsule est loin d'être plate ; elle est traversée de bout en bout par une chaîne dont les sommets sont à Telissé (524 mètres), Kinchéou (Mont du Bouze, 700 mètres). A sa pointe se dresse le Liao-ti-chan (457 mètres).

La nature rocheuse du sol s'oppose à la culture intensive et même les terrains incultes abondent, chose rare en Chine.

Les rivages très découpés offrent beaucoup de baies, mais celles-ci sont ensablées et accessibles à marée haute seulement.

LES OBJECTIFS POSSIBLES

Les deux adversaires se trouvant l'un et l'autre dans l'impossibilité de diviser leur effort au début, force leur était de choisir le point où se porteraient les premiers coups dans l'immense champ ouvert à leur activité.

En détruisant presque la flotte russe par la double agression qui commença la guerre, le Japon s'était réservé l'initiative avec les moyens d'en tirer parti, puisque le commandement de mer lui appartenait. Plusieurs objectifs s'offraient, de valeur très différente.

LA CORÉE

But historique des convoitises du Japon, elle était fort tentante et constituait l'un des enjeux de la guerre.

1° Habitée par une population peu dense et sans aucun ressort moral, ce pays a toujours été la chose du premier occupant : il fallait donc l'être.

2° De plus, fort montagneuse dans le Nord, coupée de rizières dans le Sud, et n'ayant pour routes que des sentiers de montagne ou d'étroites digues bourbeuses, elle peut être défendue une fois occupée par des forces restreintes.

3° Enfin la vallée du Yalou, frontière nord, présente de grands avantages : défensifs, parce que les montagnes sont baignées par le fleuve sur la rive coréenne ; offensifs parce qu'en face, au contraire, sur la rive mandchourienne la vallée s'élargit au point de former une plaine de 25 à 40 kilomètres de largeur sur 300 de long, coupée seulement à Kialientze par les premiers contreforts des monts Kouloung. De plus, le fleuve est en tout temps guéable à partir de Piektong et, près de son embouchure, il est divisé par une infinité d'îles facilitant un passage. Enfin, pour une nation ayant le commandement de mer une ligne d'eau navigable, loin d'être un obstacle, est un moyen offensif de plus. En occupant la vallée du Yalou, on s'assurait donc une expectative tranquille aussi longue qu'on le voudrait, suivie d'une offensive relativement facile ; surtout on tenait, par là et par l'occupation de la capitale, toute la servile Corée.

LE KWANTOUM

Cause réelle de la guerre, le Japon n'ayant jamais pardonné l'occupation de Port-Arthur, sa conquête. Tôt ou tard, il y viendrait, c'était certain, et il semble même que dès le début il eut l'intention d'y débarquer une division pour tenter un coup de surprise, mais cela se borna là, avec raison semble-t-il.

En effet, à partir de l'étranglement de Kincheou (3 kil.), deux autres encore, de 15 kil. chacun, dont Ying-tchang et San-Kien-Pou forment le centre, constituent aussi de bonnes lignes de défense ayant pour bases quelques ouvrages permanents. Pour attaquer directement par surprise la place de Port-Arthur même, il eût fallu dépasser ces lignes avancées en débarquant en deçà d'elles, soit à Dalny pour dépasser les deux premières, soit à la baie du Pigeon pour les tourner toutes. Mais ces baies avaient été minées ; d'autre part, il eût aussi fallu, pour opérer si près du port, être sûr que la flotte n'en sortirait pas ; or, nous verrons les efforts faits dans ce but rester infructueux quatre mois durant.

Quant au bombardement, la journée du 9 février en avait prouvé le danger et l'inutilité : il avait coûté cher et n'avait rien donné, alors que la population civile existait ; il donnerait moins encore alors qu'elle s'était enfuie.

Force était donc, ou de diriger sur Port-Arthur tout ce qu'on pouvait transporter de troupes le premier mois pour briser à coups d'hommes toutes les résistances ; ou d'ajourner l'entreprise : c'est ce qu'on fit.

NEWCHWANG ET L'ALLIANCE CHINOISE

Durant les trois premiers mois de la guerre, il n'y a pas eu de jour où les journaux anglais n'aient reçu de dépêches annonçant que les Japonais allaient débarquer à Newchwang, donner la main au général Mà, etc., etc. Qu'y avait-il de vrai là-dedans ? — Rien !

En effet, en dehors de l'importance commerciale de Newchwang, cette place aurait de l'importance comme point de départ d'une invasion de la Mandchourie par la Chine; mais pour le Japon elle était vraiment trop au delà du fameux goulet de Port-Arthur, non bouché malgré tout. On n'eût rien pu faire d'utile de ce côté que débarquer un petit corps pour surexciter la population chinoise et pousser Mà contre les Russes.

Or, on peut faire croire cela à des Européens ignorants de l'Orient, mais les Japonais n'en sont pas là ; ils savent très bien que la population chinoise est placide et que les agitations qui ne sont pas encouragées d'en haut tombent vite ou sont réprimées avec la dernière cruauté.

Un débarquement à Newchwang était donc dangereux si la Chine était résolue à rester neutre ; il était inutile dans le cas contraire. Les Russes ne se seraient pas alarmés, car eux aussi ont beaucoup pratiqué l'Orient; mais nous verrons les Japonais simuler sur ce point un commencement d'exécution qui les trompa, sembla-t-il.

Quant à la question de fond, — les intentions du Gouvernement chinois, — c'est la bouteille à l'encre : il déteste cordialement les deux adversaires, mais voit dans la splendeur industrielle et militaire du Japon un exemple tentant ; il remplace progressivement dans son armée les instructeurs européens par des Japonais, admet des commerçants japonais dans des villes où les Européens ne pénètrent pas encore, etc., tous signes qu'il ne faut pas négliger.

L'armée qu'il a concentrée sur le Liao-Ho, formant la frontière neutre a été choisie avec soin parmi les moins mauvaises troupes de tout l'empire, mais conserve les défauts de toute l'armée : un cadre d'officiers au-dessous de tout et des canons superbes servis, en dépit du sens commun, par l'*infanterie*. De 20.000 hommes en février, elle s'est lentement élevée, dit-on, jusqu'à 50.000 au début d'avril. Près de 200 officiers et sous-officiers japonais y figuraient à cette époque comme instructeurs.

Prise isolément, cette armée ne tiendrait guère devant les Russes ; aussi quel que soit le dessein du gouvernement chinois, elle se bornera strictement au rôle de gardienne de la frontière, et *cela tant que la principale armée japonaise ne sera pas à sa hauteur et à portée de la soutenir*. Et encore alors, il faudra voir.

Agir avant serait vouloir une défaite qui permettrait aux Russes d'étendre leurs réquisitions sur la plaine mandchoue, beaucoup plus riche que la montagne, de pourchasser et détruire les Kounkouzes en toute liberté, et de retirer des bords du Liao les forces d'observation qu'ils doivent y laisser.

Donc, jusqu'à nouvel ordre, la neutralité de la Chine est plus utile au Japon que son alliance.

LA CORÉE DU NORD ET VLADIVOSTOCK

Ici une descente japonaise n'eût pas eu l'ombre de sens commun. Elle ne conduisait à aucun objectif décisif, car Vladivostock possédait une flotte intacte, était organisé pour des mois de siège ; Kharbin était à 500 kil. au delà de montagnes hautes, abruptes et rendues plus inaccessibles encore par un froid rigoureux.

Et cependant ici encore les Japonais ont réussi à faire naître le doute dans l'esprit des Russes, par un commencement d'exécution qui coûta cher d'ailleurs.

***

Résultat. Esquisse du plan.

Le plan général du Japon fut donc à peu près celui-ci.

1° Occuper les points essentiels de la Corée, surtout la capitale pour avoir la main sur l'Empereur et par là sur toute l'administration, — et Fusan-Masampo, pour y activer les travaux du chemin de fer de Séoul et en faire, en le fortifiant, le réduit de l'occupation.

2° La position étant affermie dans la Corée centre et sud, gagner la vallée du Yalou à petites étapes, de façon à être rejoints et renforcés à Ping-Yang par des troupes débarquées à Chinanpo, — à Wijou par des troupes débarquées à Yongampo, à mesure que le dégel atteindrait ces ports.

3° Occuper le Sud de la Mandchourie montagneuse.

Pour cela, étaient prévues deux attaques qui devaient être simultanées : de front par la première armée réunie sur le Yalou ; de flanc par la deuxième débarquée à Takouchan.

4° Ayant dès lors en Mandchourie deux armées dont la base était la mer, en débarquer une troisième à Pitzevo pour attaquer le Kwantoum. En effet, dès ce moment, la jonction était assurée entre les trois masses ayant une base commune de 200 kil. de longueur : Tatongkou, Takouchan, Pitzevo, sur le rivage de la baie de Corée.

5° La quatrième armée, tenue en réserve, devait, selon le plus ou moins de résistance de Port-Arthur, achever de le prendre ; puis, de concert avec les trois autres, commencer l'offensive vers le Nord ; — ou, Port-Arthur étant pris, la commencer dès juin en débarquant à Newchwang ou un peu plus au Sud, ce qui n'était plus alors ni impossible ni inutile.

***

Ce plan fut fortement modifié, comme nous verrons, par le peu de résistance opposé par les Russes sur le Yalou et l'évacuation hâtive de Feng-Hoan-Cheng, puis par la marche du premier corps russe sur Port-Arthur.

***

Du côté russe, étant condamné à la défensive stratégique, il n'y avait qu'à prévoir où se porterait l'effort principal et réserver autant que possible l'avenir.

Il semble qu'on n'ait pas clairement discerné les points d'attaque et qu'on ait trop peu résisté au désir d'avoir des batailles; les points les mieux gardés furent ceux où rien ne s'est produit (Newchwang-Vladivostock), tandis que nous verrons l'armée japonaise ne trouver qu'une division devant elle à Kialientze, une à Kintcheou.

Il est vrai que le commandement ne fut pris par le général Kouropatkine, ministre de la guerre de Russie, que le 26 mars. Jusque-là l'amiral Alexieff, sur les talents stratégiques duquel on ne possède aucun renseignement, exerçait le commandement par intérim, assisté du général Linevich, officier général d'une grande expérience et fort populaire parmi les troupes, mais n'ayant jamais, croyons-nous, dirigé des opérations de l'envergure de celles qui s'annonçaient.

II. — Les Forces en présence

A. — ARMÉE

I. — L'ARMÉE RUSSE

A. — Effectifs disponibles [1]

Forces existantes. L'armée russe d'Orient comprenait au début de 1904.

INFANTERIE.	Six vieilles brigades de chasseurs à 4 régts de 2 bat. à 1015 h.	48.000
	Trois nouvelles brigades de chasseurs à 4 régts de 3 bat. à 1015 h.	36.000
	Deux id. id. d'infanterie d'Europe à 2 régts de 4 bat. à 500 h.	8.000
	Batons de garnison de Nicolaïeff	1.000
		93.000

[1] Ces données sont extraites de la *Militair Wochenblatt*. Nous y avons ajouté les corps de troupes dont l'adjonction est constatée par actes officiels insérés dans les feuilles militaires russes, savoir :

Octobre 3 :	deuxième bataillon de chemin de fer Oussouri.	1,969
	neuvième brigade de chasseurs de Sibérie . .	12,000
Novembre 3 :	troisième bataillon du génie de Sibérie . . .	1,000
Décembre 3 :	troisième et quatrième bataillon de chemin de fer Transamour	3,800
Janvier 4 :	Augmentation des gardes frontières	3,840
		22,609

Remarquer que ce chiffre est inférieur aux « *40,000 hommes de renfort pendant l'automne 1903* », qu'allègue la note japonaise du 3 mars.

CAVALERIE.	Un régiment dragons, 4 cosaques Transbaïkal, 1 Amour, 1 mixte, 1/3 Oussouri, tous à 6 sotnias de 177 hommes.		7.500
ARTILLERIE.	Trois brigades. Ensemble 15 batt. campe (nos 1 2 et 6 des chasseurs) 3 batt. mont. 1 batt. d'obusiers	à 240 h. 8 pièces.	4.560
	Trois batt. cosaques à cheval	à 166 h. 6 p.	498
	Neuf sections divisres de mitrailleuses	à 80 h.	720
	Quatre 1/2 bat. d'artie de place = 18 compagnies à 330 h.		5.940
			11.718
GÉNIE.	Trois bat. à 3 comp. et 1 de télégraphes. Deux comp. mineurs de place.		3.500
TROUPES DE COMMUNICATION.	Soixante-quatre sections de gardes frontières de 1 comp. (250) 1 esc. (170) 1/4 batt. (60)	480 h.	30.720
	Six bat. chemin de fer à 6 comp. à	1900 h.	11.400
			42.120
		Soit ensemble	157.838[1]

Il existait, en Sibérie même, les noyaux de cadres nécessaires à la formation des troupes de réserve suivantes : Réserves.

Le total du *Militair Wochenblatt* est de 231,000 hommes ; mais :

1º Il y comprenait pour 60,000 hommes les divisions de réserve. Or une seule, celle de Striaitensk, peut à la rigueur compter comme sur place : celles d'Irkoutsk et de Tomsk en sont loin.

2º Il n'y comprenait pas 22,609 hommes dont l'existence est officiellement constatée.

3º Il y comprenait « 80 officiers, 5423 hommes » des services de transport, etc. Ils existaient peut-être, mais pas au pied de guerre, car au début pour pourvoir les premières troupes appelées à faire des mouvements, on réquisitionna à Liao-Yang 1,100 charrettes mandchoues à 5 mules, portant 1 1/2 à 2 tonnes.

Nous les classons donc avec les contingents qui les ont vraisemblablement complétées.

[1] Nous comptons les forces sibériennes proprement dites au pied de guerre. Elles doivent l'avoir réglementairement, mais ce ne serait pas

		Paix	Guerre
INFANTERIE.	Treize régiments (dt 1 Chaïlar en Mandchourie) à 5 bataillons	6144	60.000
	Quatre batt. de cosaques Transbaïkal. 1 Amour	512	5.000
CAVALERIE.	Quatre régiments Transbaïkal, 2 Amour, 6 Sibérie, 1 Oussouri (Tous à 6 sotnias sauf le dernier à 4)	—	12.640
ARTILLERIE.	Trois groupes de réserve à 4 batt. et 1 dépôt	—	3.600
	Trois batt. de cosaques Transbaïkal	—	500
			81.740

Un ukaze du 10 février ordonna le rappel de la totalité des 18 classes de réservistes en Sibérie. Cette mesure portant sur 120,000 hommes en donna, dit-on, un peu plus de 100,000 pouvant compléter les unités ci-dessus avec leurs parcs et services (pour 3 divisions 7,500 hommes environ) et une partie de ceux des troupes existant en Orient.

Le reste de ces services, et peut-être le complément au pied de guerre des deux brigades d'Europe (seules au pied de paix en Orient) fut demandé par le même ukaze aux provinces de Viatka et de Perm, mais la quotité n'a pas été officiellement connue.

Quant aux cosaques de réserve, dès le 9 février deux divisions en étaient formées sous les atamas Rennenkampf et Simonoff.

encore une raison en Russie. Il y en a une meilleure : c'est que la classe 1904 de ces corps, incorporée suivant l'usage russe le 1/13 janvier, a rejoint en grande partie, tandis que la classe libérable (1899) est retenue sous les drapeaux en vertu d'un prikaze. En admettant en Mandchourie le double du déchet usité en Europe, cela donne sur 5 ans 32 %. Il resterait donc en excédant [illegible] environ de cette classe soit 225 hommes par régiment, ce qui expliquerait la formation des compagnies d'Okhotniki montés.

Nous disons que la classe 1904 est arrivée presqu'en entier : *le Herald* note en effet le 2 février le passage de 17,000 recrues de Tomsk et Tobolsk, et le « Kasan », le « Voronéje » et l'« Ékaterinoslaw » ont de leur côté amené 4300 hommes du 27 janvier au 6 février.

***

Nouvelles formations.

L'armée russe ayant un pied budgétaire de 1,022,000 hommes est alimentée par des classes de 310,000 hommes au nombre de quatre, outre les rengagés [1]. Il s'ensuit chaque année un excédent de plus de 100,000 hommes qui doit être absorbé par des congés anticipés.

Il suffisait de n'en pas accorder en 1904 pour avoir 100,000 hommes disponibles sans toucher au pied de paix en Europe.

C'est la mesure qu'a prise la Russie : chaque régiment d'Europe a détaché 1/18 de son cadre, 1/8 de son effectif, soit une compagnie complète au pied de guerre. On a pris, dit-on, autant que possible des volontaires, mais ce point échappe à tout contrôle.

Les compagnies des 52 divisions d'Europe et les demi-compagnies fournies par 32 régiments de chasseurs et 32 régiments de réserve et place semi-permanents, ont été formées en 60 bataillons, dont 24 ont reçu la dénomination de 3e des 24 vieux régiments de chasseurs sibériens et les 36 autres celles de 4e bataillon des 36 régiments, nouveaux compris.

En opérant de la même façon dans les autres armes, on a obtenu 24 batteries de campagne, 4 de montagne, 3 d'obusiers, 3 à cheval et 14 de place ou siège, 6 compagnies de génie.

Il ne semble pas que des prélèvements de ce genre aient eu lieu sur la cavalerie et les cosaques [2], mais on a formé

[1] Les hommes sachant lire et écrire ne font que 3 ans, ceux ayant fait des études moyennes 2, des études supérieures 1 an (par volontariat), mais l'ensemble ne fait que **5** °/o du contingent, les illettrés étant 95 °/o.

Par contre, les hommes versés dans la cavalerie, l'artillerie à cheval, les troupes de Sibérie et du Turkestan, soit **15** °/o, font 5 ans.

La moyenne du service est donc plutôt au-dessus qu'en dessous de 4 ans, et l'excédent de 100,000 hommes est un strict minimum.

[2] Un régiment du Daghestan et un ossète (col. Nachidzevonski Khan), formant une brigade sous le prince Orbeliana.

de toutes pièces une brigade d'irréguliers du Caucase sur la base du régiment du Daghestan.

Cette seconde masse se chiffre par :

Infanterie : 60 bataillons	60,000
Cavalerie : 2 régiments à 6 sotnias.	2,000
Artillerie : 34 batteries, 14 compagnies. . . .	12,360
Génie : 6 compagnies	1,500
	75,860

Mais, soit insuffisance de volontaires, soit qu'ils aient reçu un autre emploi, les 36 quatrièmes bataillons ne sont pas partis, ce qui réduit ce chiffre à 39,800 hommes.

***

Envoi de forces organisées.

Dès le mois de février, un ukaze a transformé 6 divisions de réserve en cadre (512 hommes au régiment) en divisions au demi-pied (1555) donnant ainsi la faculté de disposer de 3 corps d'armée actifs sans diminuer sensiblement le disponible en Europe [1].

Deux de ces corps sont désignés : X[e] à Karkoff, XVIIe à Moscou qui tous deux ont, dès la paix, une brigade en Orient.

Leur mobilisation fut achevée le 8 mai.

Sur un ordre du 7 juin, le Ier corps fut mobilisé de même, ce qui s'acheva le 9 juillet.

Les deux premiers ne comptent ensemble que trois divisions, le troisième deux divisions.

[1] Les régiments de réserve russes sont des noyaux de cadre à 5 compagnies, dont chacune donne naissance à 1 bataillon sur pied de guerre.
Les régiments semi-permanents ont 2 bataillons égaux à ceux de l'active : (480 hommes) et 3 compagnies de cadre devant donner naissance en guerre à 3 bataillons : 17 régiments de place sur 29 et 28 régiments de réserve sur 84 étaient de ce type. La nouvelle mesure porte leur nombre à 52 sur 84.

Ensemble :	80 bataillons	80,000
	35 batteries (7 par division). . .	8,400
	12 compagnies du génie	3,000
	Trains et parcs (pour 5 divisions).	12,500
		103,900
et avec la 10e division de cavalerie (4800 hommes).		108,700

Outre cela, on a envoyé séparément :

Les 6me et 8me bataillons de pontonniers . . .	1,200
Un régiment (ou plusieurs) d'obusiers . . .	1,500
De l'artillerie légère des brigades de chasseurs 3 groupes (?)	2,880
	5,580

***

Un ukaze du 9 juin rappela les réservistes de Pensa, Samara, Orenbourg, Oufa et partiellement ceux d'autres gouvernements, de façon à compléter 4 divisions de réserve. Mobilisation de réserves en Russie.

En même temps, un ukaze formait les 5me et 6me corps de Sibérie. Cette nouvelle masse de 64 bataillons, 24 batteries donnant avec services 80,000 hommes environ, se mobilisa dans le courant de juin et jusqu'à la mi-juillet.

Total :	Troupes existantes	157,838
	Réserves de Sibérie, Viatka, Perm . .	120,000
	Nouvelles formations	39,800
	Envois de troupes organisées	114,280
	» de réserves d'Europe	80,000
	Ensemble :	511,918

B. — Transports et Ravitaillement

Le Transsibérien et son débit.

Jamais peut-être on n'a donné plus de chiffres d'un même problème, depuis *le Times* qui accorde un débit de 4 trains et 600 hommes par jour, jusqu'à *l'Écho de Paris* (interwiew du prince Khilkoff, qui en promet 11 pour juin [1], en passant par *l'Étoile* qui, plus proche de la vérité, fixe le débit quotidien au début à 5 trains.

Il y avait un moyen bien simple : c'était d'ouvrir le livret « Chaix ». Il renseigne *4 trains de voyageurs* par jour. Or dès 1899 la ligne avait un trafic de 657,000 tonnes [2] marchandises soit 1800 par jour, ou 3 trains de 300 tonnes dans chaque sens, *soit 7 trains par jour dans chaque sens en temps de paix.*

Or, s'il y a des exemples d'augmentation du trafic d'une ligne en temps de guerre, il serait difficile d'en citer un de diminution.

Ici, il semble qu'au moins au début il eût été difficile de dépasser le trafic de paix : en effet la légèreté de la voie ne permet de marcher qu'à 33 Kil. à l'heure, 25 en comprenant les arrêts, stations d'eau, etc. Or il existait encore au début des écarts de plus de 40 et jusqu'à 55 Kil. entre stations pourvues de voies d'évitement.

A 33 kil. à l'heure, 100 minutes suffisent donc au train montant et autant au train descendant pour parcourir la voie unique de longueur maximum. On peut donc faire partir un train toutes les 200 minutes, soit 7 par jour avec un intervalle réservé de 40 minutes.

Donc la ligne donnait dès la paix son rendement maximum, et l'aura conservé au début sans modification.

[1] *Écho de Paris* du 20 mars. Interwiew du prince Khilkoff.
[2] Chiffre de la *Revue des sciences.*

Depuis un prikaze [1] a approuvé la construction de 20 voies d'évitement, et la compagnie de l'Est-Chinois en aura sans doute fait autant sur son réseau.

Jusqu'à quel point le trafic en sera-t-il augmenté ?

En tout cas, remarquons que pour arriver au chiffre de l'interwiew Kilkoff (11 trains), il suffirait que l'écart maximum tombât à 35-36 kilomètres, ce qui n'est nullement impossible en plusieurs mois avec 12000 hommes des bataillons de chemin de fer sous la main, car une voie d'évitement qu'est-ce, sinon un demi-kilomètre de voie à poser.

***

Traversée du Baïkal et Transmandchourien.

Il y avait une difficulté bien plus grave à vaincre que ces voies. Entre le Transsibérien se terminant à Irkoutsk et la Transmandchourien commençant à Mizovaïa, s'étend le lac Baïkal, large en cet endroit de 45 kilomètres.

Le plan primitif comportait une ligne de 312 kilomètres contournant le lac, mais on y avait provisoirement renoncé en présence de grandes difficultés d'exécution : la rive Sud est à pic et toute la ligne devait être en tunnels ou paliers taillés dans le roc.

Ce n'est qu'en 1902 qu'on y mit la première main et la ligne devait être terminée pour l'hiver 1904 seulement. On assure qu'elle sera mise en exploitation dès Octobre 1904.

D'autre part, en février, la glace du Baïkal ayant encore plus d'un mètre, les navires brise-glaces qui peuvent chacun transporter cinq trains de 28 wagons par deux jours, ne pourraient passer. Il y avait bien un moyen, c'était de faire passer les hommes en traîneaux, et c'est ce qu'on fit [2] :

Du 29 janvier au 25 février, 60,000 hommes passèrent : on avait contracté sur le pied de 75 kopeks par homme et

[1] Publié officiellement.

[2] Sources : Lettre au *Herald* de son correspondant, 20 mars, publiée le 31.

12 par poud de marchandises. L'adjudicataire avait amené 300 troïkas à trois chevaux et 3000 chevaux haut le pied. On avait disposé sur la rive un dépôt de fourrures et au centre du lac un abri doublé de feutre où l'on distribuait un repas avec thé bouillant. Malgré ces précautions, il semble avéré que 600 hommes eurent les pieds ou d'autres parties du corps gelées.

Mais ce n'était que le côté immédiat de la question : pour l'avenir, il fallait passer *du matériel de chemin de fer*. En effet le Transmandchourien, bien que plus apte que le Transsibérien au service intensif (rails de 32 kilos et non 24 kilos au mètre courant et 5 écarts de plus de 40 Kilom. entre évitements seulement), n'avait en paix qu'un trafic de moitié de celui-ci environ : 2 trains-voyageurs, 2 marchandises par jour dans chaque sens. Son matériel roulant devait donc être doublé d'urgence, pour qu'il pût reprendre à Mizovaïa tous les voyageurs du Transsibérien.

C'est pour cela qu'on accomplit le tour de force de poser en 15 jours une voie sur la glace du Baïkal : le projet, arrêté le 29 janvier, le contrat fut signé le 30 et la ligne était essayée dès le 13 février.

Cet essai fut piteux : la locomotive lancée sur la voie l'effondra et disparut dans le lac. Alors on démonta les locomotives en plusieurs parties qui passèrent traînées par des chevaux. Les wagons et trucs passèrent à vide de même.

Au 15 mars, on avait ainsi augmenté le matériel de la ligne de 25 locomotives et 2000 wagons et trucs, mais par un travail acharné et après avoir dû souvent refermer au moyen de blocs recoupés ailleurs les crevasses formées dans la glace par les tempêtes du lac.

Le 25 avril, l'épaisseur de la glace ayant sensiblement diminué, la ligne fut relevée. Les brise-glaces portant des trains entiers commencèrent leurs voyages le 4 mai. Dans l'intervalle, sur la glace encore assez solide pour elles, les troïkas continuaient à passer.

Le Transmandchourien a donc pu recevoir jusqu'au 1er mars la moitié environ des trains venus à Irkoutsk, — à partir du 1er mars la totalité. Heureusement, dans les trains du début, 72 contenaient les cosaques de Sibérie qui ont pu continuer par étapes.

***

Capacité nécessaire aux ravitaillements.

Il a été soutenu *(France militaire)*, que lorsque la Russie aurait 300,000 hommes, toute la capacité de la ligne serait absorbée par leur ravitaillement en vivres et munitions : « en effet l'alimentation de 300,000 hommes et 100,000 » chevaux nécessite par jour 1,500 tonnes, soit 6 trains de » 25 wagons ».

Nous constatons d'abord que l'on comprend dans ce calcul la nourriture des chevaux. Or, nous ne voyons pas pourquoi l'on ferait venir d'Europe la nourriture de chevaux requis en Sibérie ; leur nourriture doit se trouver là où ils se trouvaient.

Restent 300,000 rations qui, dans l'armée russe, sont de 1900 gr.[1] et n'exigeraient donc par jour que 600 tonnes ou trois trains au plus.

Mais c'est encore trop, car on ne tient pas compte de ce que la Mandchourie est loin d'être un désert : elle exporte annuellement par Newchwang 30,000 quintaux de céréales ; de leur côté, les provinces du Transbaïkal, de l'Amour et du Littoral, ensemble 27,000.

Il y a en Mandchourie 700,000 bêtes à cornes, 1,300,000 dans la Transbaïkalie, 45,000 dans l'Amour, sans compter d'innombrables porcs [2].

[1] Ainsi décomposées : Pain 1024 gr. Farine 17 = 1041 pain.
Viande 409 gr. Graine 21 = 430 viande.
Sel, sucre, thé 27. Légumes secs 256 = 383.4 petits vivres.
Gruau 102.4.

[2] Chiffres de l'*Andrees Hand Atlas* déjà anciens et certainement inférieurs à la réalité.

Il s'ensuit qu'il faut exclure des envois la viande, au moins sur le Transsibérien, le bétail du Transbaïkal n'ayant que le Transmandchourien à parcourir, et qu'il faudra en exclure à partir de septembre le pain, — la récolte alors faite en Mandchourie assurant les besoins.

Le nécessaire par homme sera donc : avant septembre 1426 gr., soit environ 1500 avec tare; après : 385 grammes seulement.

D'après ces données, un train par jour aura suffi jusqu'au 15 mars, deux jusqu'au 15 avril, trois jusqu'au 15 mai, quatre suffiront jusqu'au 15 juin.

Le trafic de la ligne allant toujours en augmentant, il s'ensuit que le nombre de trains de troupes sera resté constant : *6 par jour* sur un total de 7, 8, 9, 10.

***

Capacité de transport en troupes

Sur ce point aussi de graves erreurs ont été admises sans contrôle comme articles de foi.

On s'est basé sur le chiffre de 110 trains, nécessaire à un corps allemand normal de deux divisions, pour calculer le nécessaire aux corps russes.

A) C'était absurde, car rien ne ressemble moins au corps allemand que le corps russe, et surtout, dans ce cas spécial, il y avait une différence essentielle : une grande partie des chevaux et même des voitures n'avaient pas de voyage à faire ; or ce sont les éléments les plus encombrants.

Ce n'est pas là une hypothèse mais une certitude, car :

1° Autant il est certain que les chevaux de cavalerie et du train de combat des batteries dont le dressage tout fait a son prix et qui font partie du pied de paix seront conservés, autant il est certain aussi que tout le reste, — et ce sont les plus nombreux, — *devant quand même être réquisitionné, le sera en Transbaïkalie,* où il y a 600,000 chevaux, ne coûtant en moyenne que 27 roubles.

Il est évident encore que toutes les Kibitkas à un cheval, qui servent de voitures à bagages régimentaires et les chariots d'intendance le seront aussi dans ce pays où le chemin de fer est trop neuf pour que les moyens de roulage aient diminué [1].

2° Tandis que l'ukaze du 10 février ordonne la réquisition des chevaux dans les provinces de l'Amour, du Littoral, du Transbaïkal et d'Irkoutsk, nous ne voyons pas réquisitionner un seul cheval en Europe.

B) Par contre, le chiffre concernant le corps allemand s'applique aux unités de matériel roulant en usage en Allemagne ainsi qu'en France : les bien connues « 32 hommes, 8 chevaux » [2]. Les voitures russes, légèrement plus larges, mais sensiblement plus courtes, sont en général à six axes et ne

[1] Dans la Sibérie entière il y a 3,200,000 chevaux. (Colonel Rau : *Les Armées étrangères*. Édition de 1890.)

[2] Corps russe : Comparaison du pied de paix et du pied de guerre en chevaux et voitures.

	Paix chevaux	*Paix* voitures	*A ajouter en guerre* chevaux	*A ajouter en guerre* voitures (de réquisition)	
8 régts infie.	200	336	1336	352	
14 batteries.	1372	336	1302	84	
1 de mortier.	98	24	93	6	
2 à cheval.	151	18	27	6	
4 régts cavie.	3016	72	660	96	
Trains 1re div. 1 col. bagages		45	262	—	Chiffres obtenus par combinaison du Gotha avec la description du charroi du corps russe par le colonel Rau, *Armées Étrangères*
Trains 1re div. 1 col. vivres.		—	506	150	
Trains 1re div. 1 col. approvt	40	—	556	165	
Trains 1re div. 1 col. ambulance.		29	82	—	
Trains 1re div. 2 col. hôpit. volants		58	134	—	
2e idem	40	132	1540	315	
Parc 1re div. 2 col. munit. inf.		58	354	—	
Parc 1re div. 2 col. munit. art.	6	112	674	—	
2e idem	6	170	1028	—	
Bat. génie	30	36	128	12	
	5559	1426	8682	1186	

Le corps russe possède encore un cadre de 1 officier 65 hommes pour équipages de réquisition et 4 colonnes d'évacuation de blessés à 137 chevaux, 36 voitures, mais les importantes réquisitions faites en Mandchourie semblent avoir justement remplacé ces éléments.

porteront guère que 24 hommes, 6 chevaux, surtout si l'on tient compte de la nécessité du sommeil en cours de route.

Il faut considérer aussi que chaque train doit être pourvu d'un wagon cuisine et, éventuellement, d'un fourgon portant 5 jours de vivres pour l'effectif embarqué (vivres qu'on ne peut renouveler qu'aux trois grands arrêts), soit 10 kilogr. environ par homme.

C) Il semble avéré que le nombre d'unités par train est de 25 à 28, bien qu'on ait affirmé qu'il n'est, comme en 1900, que de 14. On oublie que depuis lors le ballast de la voie a été refait en dur sur les parties défectueuses et qu'en ce qui concerne les courbes de faible rayon qui s'opposent, dit-on, à la circulation de longs convois, l'on a prescrit à titre provisoire de dédoubler les trains, à l'entrée dans les sections qui contiennent de ces courbes, en deux convois marchant à quelques minutes d'intervalle mais se garant sur les mêmes voies d'évitement.

Il y aura donc par corps : 172 trains ainsi répartis :

64 trains d'infanterie de 21 voitures (504 hommes), 3 trucs, 1 wagon à chevaux, 1 cuisine, 1 fourgon à vivres.

34 trains d'artillerie de 5 voitures (120 hommes), 8 trucs, 8 wagons à chevaux, 1 cuisine.

48 trains de cavalerie de 4 voitures (85 hommes), 2 trucs, 14 wagons à chevaux, 1 cuisine.

2 trains du génie de 21 voitures (504 hommes), 8 trucs, 2 wagons à chevaux, 1 cuisine, 1 fourgon à vivres.

24 trains des services de 6 voitures (144 hommes), 16 trucs, 1 wagon à chevaux, 1 cuisine.

Le corps avec division de cavalerie peut donc être embarqué en 28 jours, ce qui donne une moyenne de 1600 hommes de toutes armes par jour.

Sans cavalerie en 20 jours ou 2000 hommes par jour environ.

***

Durée et conditions du voyage

On ne pouvait songer à faire voyager les hommes en

wagons de luxe, ni en wagons ordinaires, vu la nécessité de prévoir le sommeil. On aménagea donc des fourgons fermés en disposant aux deux bouts des couchettes superposées ; au milieu, un poêle; le long des parois, des bancs.

La vitesse fut celle des trains d'émigrants en paix : 25 kilomètres à l'heure, arrêts compris, exigeant pour les 8,270 kilomètres jusqu'à Port-Arthur, 14 jours entiers. Il faut y ajouter le trajet en Russie depuis Moscou en moyenne, soit deux jours, trois jours pleins de repos à Tomsk [1], Irkoutsk et Kharbin, ordonnés par le Tzar, et un jour pour traverser le Baïkal ; total : 21 jours pleins, embarquement compris pour un jour.

Pour que cet interminable voyage n'eût pas de mauvais effet sur les troupes, on prescrivit de les faire descendre et de promener les chevaux à chaque arrêt assez long.

***

La voie fluviale.

A côté du Transsibérien, subsistait le vieux moyen de transport, illimité celui-là : le réseau fluvial sibérien. Il est relié : à l'Europe par la voie ferrée Perm-Tioumen qui, traversant l'Oural, vient jusqu'à l'Irtych ; — à la Mandchourie par la voie Krimskaja-Striaitensk, qui, partant du Baïkal, rejoint la Chilka et, par elle, l'Amour et le Soungari, navigable encore bien au delà de Kharbin.

Il faudra des mois, dira-t-on ? Et quand il faudrait des années !

C'est cette voie qui servit à conduire à pied d'œuvre le matériel du chemin de fer, et elle possède encore tout son outillage (20 paquebots, 10 remorqueurs et 60 chalands à fond plat) de la Compagnie Est-Chinois seule, tous venant de Cockerill.

Ne servit-elle qu'à décharger le chemin de fer du gros des ravitaillements en vue d'une campagne d'hiver, du réap-

[1] Décision du Tzar rendue officielle.

provisionnement en charbon de Vladivostock, qu'elle aurait encore son importance.

***

Conclusion.

En résumé, la situation était la suivante :

Sur place : 157,000 hommes

Renforçables par jour de 1,600 hommes depuis le 15 mars, — 700 à 1,000 auparavant.

Disponibles : Sans toucher au pied de paix d'Europe : 325,000 hommes.

Hors cette condition, 1,022,000 hommes.

Hors cette condition, avec rappel des réserves, 5,000,000 hommes environ.

***

Dans la réalité, les renforcements se sont réduits en moyenne, les 100 premiers jours, à 1,250 hommes par jour = 124,800 hommes [1] jusqu'au 19 mai, par suite :

1° De la réduction durant 35 jours du trafic du Transmandchourien à la moitié de celui du Transsibérien.

2° De l'emploi de nombreux trains pour la flotte ; on dut lui amener ainsi des ouvriers, des matériaux et munitions et jusqu'à des torpilleurs démontés dont, dit-on, plusieurs sous-marins.

3° Beaucoup aussi amenèrent le matériel d'artillerie à tir rapide, destiné à remplacer le canon 77 amélioré, le matériel

[1] Savoir : Réserves de Sibérie (sauf 3 régiments d'infanterie, 7 régiments de cosaques, 1 régiment d'artillerie sur place). . . 47,000
Services de 12 divisions (sauf 5,423 hommes sur place) et de 2 brigades d'Europe 32,500
Nouvelles formations 39,800
Envois d'artillerie et de pontonniers d'Europe. 5,580
124,880

de côte nécessaire pour parfaire l'armement de Vladivostock, de Port-Arthur et constituer celui de Newchwang.

Il fallait aussi au début constituer les réserves de munitions.

4° Il fut remis en circulation pour divers personnages des trains de luxe qui troublèrent le trafic.

5° Il semble qu'au moment du plein dégel du Baïkal, du 25 avril au 10 mai, le trafic fut fortement diminué sinon arrêté.

Ce chiffre de 125.000 hommes en 100 jours est certain, car ce n'est que le 19 mai, soit exactement 100 jours après le début, que la voie devint libre et que les transports des Xe et XVIIe corps commencèrent.

On ne semble pas avoir désiré le secret, car le Tzar en personne alla leur faire des adieux solennels, permettant ainsi à tout le monde de voir où l'on en était.

Le 9 juillet, commençait le transport du Ier corps ; les trois divisions des Xe et XVIIe corps avaient donc mis 49 jours à s'embarquer, soit 7 jours de plus que le délai normal selon nous.

***

On ne sait rien de l'ordre des premiers départs, mais la réserve sibérienne, de mobilisation lente faute de communications, aura certainement pris la queue, ce qui expliquerait qu'il ne soit presque plus rien parti d'Europe en avril.

Au contraire, dès le 17 février, un bataillon de chasseurs partait de Kazan, et le 21 février le Tzar faisait ses adieux au troisième bataillon du premier régiment à Pétersbourg.

En mars, il semble qu'on transporta surtout de l'artillerie : 28 batteries arrivèrent à Kharbin du 15 mars au 7 avril [1].

Les deux bataillons de pontonniers partirent : le 6e de Kalwariga le 12 mars ; le 8e de Tiraspol le 16 mars [2].

[1] Correspondance du *Matin*.
[2] *Times*.

Et cependant, en fin mars et début d'avril, c'était encore de l'artillerie qui partait ; sans doute les régiments d'obusiers et les groupes entiers nécessaires au 4ᵉ corps de Sibérie.

C. — Répartition

Les neuf brigades de chasseurs transformées en divisions à 12 bataillons formèrent trois corps, auxquels un 4ᵉ vint s'ajouter de Sibérie :

Iᵉʳ, des 1ʳᵉ, 2ᵉ et 8ᵉ comme en paix, et de la 1ʳᵉ brigade artillerie.

IIᵉ, des 5ᵉ comme en paix, 6ᵉ détachée du 1ᵉʳ corps, 9ᵉ en formation, et de la 2ᵉ brigade artillerie.

IIIᵉ, des 3ᵉ, 4ᵉ, 7ᵉ (en paix, corps d'occupation du Kwantoum) et de l'artillerie des chasseurs.

IVᵉ, des 10ᵉ, 11ᵉ, 12ᵉ, formées entièrement des réserves de Sibérie.

L'artillerie put donner deux batteries par division ; trois des 28 venues d'Europe vinrent compléter dans chacune un régiment d'artillerie de Sibérie à cinq batteries. Chaque corps conserva sa cavalerie du temps de paix, le 4ᵉ recevant les cosaques de réserve de l'Amour.

Mais cette organisation fut modifiée comme suit par les événements :

Au 1ᵉʳ Juin. Cᵗ en chef : Gˡ KOUROPATKINE.
E. M. Lᵗ Gˡ SAKHAROFF II.
Artillerie : Lᵗ Gˡ IVANOFF. M. G. MIKHEIEFF.
Génie : Lᵗ Gˡ ALEXANDROFF. M. G. VELITCHKO.
Q. M. Lᵗ Gˡ POCHINSKY. M. G. KARKEWICH.

Iᵉʳ corps		M. G.	1ᵉ chass. sibériens	col. Kvassounoff.
Lᵗ Gˡ Stackelberg	1ʳᵉ Div. chass.	Routkovski.	2ᵉ id.	col. Ozerky.
(ex Sakharoff II)	M.G.Guerngross.	M. G.	3ᵉ id.	col. Potoujinsky.
Em. M. G. Ivanoff.			4ᵉ id.	col. Metchersky.
			1ᵉ d'artillerie Sibérie.	

Corps	Division	Brigade	Unités
	2e Division M. G. Anissimoff.	M. G.	5e chasseurs sibériens
			6e id.
		M. G.	7e id.
			8e id.
			2e d'artillerie Sibérie.
	9e Division M. G. Kondratovitch.	M. G. Zikoff.	33e chass. sibér. col. Dovbor Rosnicki
			34e id.
		M. G. Wogack.	35e id.
			36e id.
			9e d'artillerie Sibérie.
	Cavalerie M. G. Samsonoff.		Drag. Primorski.
			Cos. de l'Amour no 1.
	Artillerie M. G. Sévastianoff.		1e batt.ie de mortier.
			1e batt. de mont. à cheval.
	Genie.		1e génie de Sibérie.
			11e comp. de pontonniers.
11e corps L.t G.l Keller (ex Zassoulich) Em. M. G. Pappengut	3e Div. chass. M. G. Kachtalinsky	M. G.	9e chass. sibér.
			10e id. col. Lind.
		M. G.	11e id. col. (ex Laiming).
			12e id. col. Tsiboulsky.
			3e d'artillerie Sibérie.
	5e Div. chass. M. G. Alexeieff.	M. G.	17e chass. sibér.
			18e id.
		M. G.	19e id.
			20e id.
			5e d'artillerie Sibérie.
	6e Div. chass. M. G. Trousoff. puis Romanoff.	M. G.	21e chass. sibér.
			22e id.
		M. G.	23e id.
			24e id. col. Letchitzki.
			6e d'artillerie Sibérie col. Meister.
	Cavalerie M. G. Mitchenko.		Cos. Tchita no 1.
			Cos. Nertchinsk no 1.
			Argounskaja no 1.
	Artillerie M. G. Lentchkovsky		2e batt. de mortier.
			2e batt. cheval Transbaïkal.
	Génie.		2e bat. Sibérie.
			12e comp. pontonniers.

Corps	Division	Brigade	Régiments
IIIe corps Lt G^l^ Stoessel (Port-Arthur) Em. M. G. Plueg, puis col. Reun ff.	4e Div. chass. M. G. Focke.	M. G. Maditzine.	13e chass. sibériens.
			14e id.
		M. G.	15e id.
			16e id.
			4e d'artillerie Sibérie.
	7e Div. chass. M.G.Kondratenko.	M. G.	25e chass. sibériens.
			26e id.
		M. G.	27e id.
			28e id. col. Murman.
			7e d'artillerie Sibérie.
	Garnison de la place : M. G. Smyrnoff.		13e d'inf. de réserve (Chaïlar).
			4e bat. des 1e, 2e, 3e, 4e de réserve.
			Volontaires.
			1e 2e anciens, 3e, 4e, 5e (nouveaux) art. de place.
			Génie de Port-Arthur.
	Cavalerie M. G.		Cos. Verkne Udinsk n° 1.
			1e batt. du Transbaïkal.
	Art^ie^ M.G. Bielow.		3e batt. de mortier.
	G^ie^ M.G.Basilevsky		3e génie.
IVe corps Lt G^l^ Surubaïeff.	1e Division Sibér. M. G. Morozoff.		1er de rés. Striaitensk.
			2e Tchita.
			3e Nertchinsk.
			4e Verkne Udinsk.
			3e d'artillerie réserve.
	2e Division Sibér.		5e de rés. Tomsk.
			6e Irkoutsk.
			7e Irkoutsk.
			8e Krasnoiasrk.
			2e d'artillerie réserve.
	3e Division Sibér. M. G. Oganovski.		9e de rés. Omsk.
			10e Semipalatinsk.
			11e Tobolsk.
			12e Barnaul.
			1er d'artillerie réserve.
	Cavalerie M. G. Tchirikoff.		1er cosaques Sibérie.
			2e » »
			3e batt. de mont. à cheval.
			4e génie de Sibérie.
			16e pontonniers.

Corps	Division	Brigade	Unités
Ve corps	54e Division		213e d'infanterie.
Lt Gl Dembowsky.	L. G. Orloff.		214e »
			215e »
			216e »
			26e d'artillerie.
	58e Division		229e d'infanterie.
	L. G. Sennitzki.		230e »
			231e »
			232e »
			28e d'artillerie.
VIe corps	55e Division		217e d'infanterie
Lt Gl Soboleff.	L. G. Ignatieff.		218e »
			219e »
			220e »
			55e d'artillerie.
	56e Division		221e d'infanterie.
	L. G. Tyrtoff.		222e »
			223e »
			224e »
			56e d'artillerie.
Division de Cavalerie du Transbaïkal.	LtGl Rennenkampf	M. G.	2e Cos. de Tchita.
		Mandoritoff.	2e » de Nertchinsk.
		M. G.	2e » de Verkne Udinsk.
		Lioubavine.	2e » d'Argoun.
		M. G.	3e » de Verkne Udinsk.
			3e » de Tchita.
			Bon pied Argoun 3e.
			» » Nertchinsk 3e.
			Batt. 3-4 du Transbaïkal.
Division de Cavalerie de Sibérie.	G. D. Simonoff.	M. G.	4e Cos. de Sibérie.
			5e » »
			8e » »
			9e » »
Xe corps	9e Division	M. G.	33e d'inf. de Jeletz. col. Poraïkoschitz
Lt Gl Sloutchevski.	L.G. Harschelman		34e » Sjewsk.
		M. G.	35e » Briansk.
			36e » d'Orlow.
			9e d'artillerie.
	31e Division	M. G.	121e d'inf. de Penza.
	L. G.		122e » Tambov. col. Krembovsky
		M. G.	123e » Koslov.
		Vassiliew.[1]	124e » Voronéje.
			31e d'artillerie.

[1] Cette brigade était en Orient avant la guerre.

Corps	Division	Brigade	Unités
	10e Division Cavalerie L. G.		28e dragons Novgorod.
			29e » Odessa.
			30e » Ingrie.
			1er cosaques de l'Oural.
			16e, 17e batt. cheval.
			10e bataillon du génie.
XVIIe corps Lt Gl Bilderling.	35e Division. L. G.	M. G.	137e d'inf. de Njäschin. col. Istomine
			138e » Bolchow.
		M. G. Glasko.[1]	139e » Morchansk. col. Petroff
			140e » Saraïsk.
			35e d'artillerie.
	36e Division. L. G.	M. G.	141e d'inf. de Mojaisk.
			142e » Wenigorod.
		M. G.	143e » Dorogoboug.
			144e » Kaschira.
			36e d'artillerie.
			17e bataillon du génie.
1er corps Lt Gl Meyendorf.	22e Division. L. G. Afanassovich.		85e d'inf. de Vyborg.
			86e » Wilmanstrand.
			87e » Neuschlot.
			88e » Petrow.
			22e d'artillerie.
	37e Division. L. G. Tchekmareff.		145e d'inf. de Novo Tcherkask.
			146e » Tsaritzin.
			147e » Samara.
			148e » de la Caspienne.
			37e d'artillerie.
			1er bataillon du génie.
Corps dit « du Nord » Gl Linevitch.	8e Div. Chasseurs M. G. Artamonoff.		29e chass. sibériens.
			30e »
			31e »
			32e »
			8e d'art. de Sibérie.
	Garnison de Vladivostock M. G. Voronetz.		4e bat. des 5e-6e-7e-8e de réserve.
			4e bat. des 9e-10e-11e-12e de réserve.
			1er-2e d'art. de place.
			Génie de Vladivostock.

[1] Cette brigade était en Orient avant la guerre.

	Cavalerie M. G. Putiata.		Cosaques de l'Oussouri.
	Sakaline M. G. Liapounoff.		Bataill. de forteresse de Nicolaïevsk et volont. de Sakhaline.
Étapes Lt G^l Tchitchakoff.			64 sections de gardes frontières. 6 bat. de chemins de fer.
Corps détachés	Brigade indépend. de Cavalerie d'Orel	M. G.	51e dragons d'Orel. 52e dragons de Njässchin.
	Brigade indépend. de Cavalerie du Caucase.	M. G. P^ce Orbeliana.	Rég^t du Daghestan, col. Nachitzevich Khan. Rég^t ossète, col. Kharanoff.

II. — L'ARMÉE JAPONAISE

A. — Recrutement et Organisation

L'armée japonaise est recrutée par service personnel et obligatoire mitigé, il est vrai, par tant d'exemptions et un choix si minutieux qu'on n'incorpore annuellement que 45,000 hommes dans l'armée. Ils ont à servir 7 ans 4 mois, dont 4 ans 4 mois en congé, plus 6 ans dans la territoriale.

Et 25,000 hommes environ dans la réserve de recrutement pour 7 ans 4 mois.

Résultat :			
	Active	359.923 h^s	Ensemble :
	Territoriale	97.557 h^s	619.027 hommes
	Réserve de rec^t	161.547 h^s	(officiers non compris).

Les CADRES existants ou prévus pour ces forces sont :

Cadres permanents.	13 div. de	4 rég. à 3 bat.	12,000	16.740 pour 13 = 217.620
		1 rég. cav. à 3 esc.	510	
		1 rég. art. à 6 batt.	1.080	
		1 bat. génie à 3 comp.	750	
		2 comp. train et parc.	2.400	
	1 div. cav. 4 rég. à 3 esc.			2,040
	3 brig. art. 2 rég. à 6 batt. et parcs 2,560. . . .			7,680
	Occupation des colonies : 12 bat., 6 esc., 4 batt. et 4 comp. génie.			16,000
Artillerie de côte : 21 bataillons. 1,080. . . .				22,680
Gendarmerie : 12 légions.				7,200
			Total de l'armée active : hommes	273,240

Réserve.	52 bataillons.	1,000	52,000
	17 escadrons.	170	2,890
	18 batteries.	180	3,240
	21 comp. art. place.	300	6,300
	13 comp. génie.	250	3,250
			67,680

Ensemble de l'armée : 340,920

Qui absorbent entièrement le disponible en hommes.
(359.923 — 5 °/o de déchet minimum = 342.400).

Territoriale.	52 rég. à 2 bat.	2,000	104,000
	13 de cav. à 2 esc.	340	4,420
	13 d'art. à 4 batt.	720	9,360
	13 bat. génie à 2 comp.	500	6,500
	13 bat. train à 2 comp.	1,500	12,600
	21 bat. art. place à 2 comp.	600	20,800
			157,680

Ce qui dépasse le disponible de 70,000 hommes.
(97,557 — 10 °/o — 87,802).

Presque la moitié des hommes devant remplir les cadres de la territoriale devra donc être prise d'emblée dans la réserve de recrutement, le reste de celle-ci, soit 70,000 hommes, devant remplir les dépôts de l'armée.

C'est bien la limite des forces du pays, car s'il serait facile, étant donné l'enthousiasme du peuple pour la guerre, d'avoir un grand nombre de volontaires et même d'instruire très rapidement *tous les hommes valides d'une classe anticipée*, soit 200,000 hommes environ, grâce aux facultés d'assimilation de la race, toute extension des cadres en ferait vite baisser la qualité. En effet, les cadres actuels sont *à la limite de jeunesse* si l'on peut ainsi s'exprimer, ce qui s'explique aisément si l'on considère que tous les cadres actuels ont été obtenus en 1897 par *doublement* des anciens, par *triplement* même dans l'artillerie.

C'est donc à peine si la loi de 1897 entre à l'heure actuelle dans sa période d'exécution définitive, puisque, d'après ses termes mêmes, il faut 7 ans et 4 mois pour le complément de l'armée active.

***

Les forces japonaises sur cet effectif de 619,000 hommes donnent donc, en excluant dépôts, gendarmerie, troupes de Formose et artillerie de côte :

1re ligne : 13 divisions d'infanterie, 1 de cavalerie, 3 réserves d'artillerie	227,340
2e ligne : 13 brigades de renfort	61,380
Territoriale : seule, 13 brigades	72,540
Avec réserve de recrutement, 13 brigades	72,540
Ensemble :	433,800

B. — Transports

a) Sur mer.

La mer est leur seule route ; toutes les troupes devront la passer, et même les approvisionnements, la Corée ne produisant guère que sa consommation et les Russes érigeant en système la dévastation des pays qu'ils évacuent.

D'ailleurs y eût-il des ressources que, les communications par terre étant atroces, la mer leur est préférable.

Au point de vue maritime, le Japon est bien pourvu ; il possédait, en 1903, 870 navires au long cours de 533,000 tonneaux ensemble [1]. (Nous laissons de côté les caboteurs inutiles ici, car il y a 23 heures de mer de Saseho à Chemulpo, 26 heures de mer à Chinampo, 29 heures de mer à Yongampo) [2].

[1] Gotha 1904.
[2] Cartes de marine allemandes.

Admettons deux maxima : 1° Que *toute* la flotte au long cours était rentrée au Japon dès le début [1].

2° Qu'un tiers environ, soit un tonnage de 180,000 tonnes, se composait de navires, convenant au transport des troupes.

Comme, selon les expériences du Transvaal, un navire peut loger en moyenne 200 hommes par 1,000 tonneaux, il s'ensuit que le Japon pouvait donc embarquer à la fois sur sa flotte marchande 36,000 hommes, et le voyage durant 4 jours (1 embarquement, 1 aller, 1 débarquement, 1 retour), cela donnait un *débit de 9,000 hommes par jour.*

Hâtons-nous de dire qu'il fut loin d'être atteint pour plusieurs raisons :

1° Il est maintenant avéré qu'une division, la 6e semble-t-il, a très réellement été mise sur des transports à la suite de la flotte dès le début de février et n'a débarqué que le 29, partie aux îles Elliot, partie à Haïdjou.

Donc, pendant les 21 premiers jours, 90000 tonneaux ont été immobilisés.

2° La mer n'étant pas complètement sûre, — car il fut vite prouvé que l'escadre de Vladivostock sortait, — on ne fit partir les transports qu'en convois réglant leur vitesse sur les plus mauvais marcheurs.

3° Pour le même motif, tandis que les premiers embarquements se firent à Moji, les suivants eurent lieu à Ujina près de Kure au fond de la mer intérieure, ce qui était plus sûr mais allongeait le trajet.

***

Il n'est donc parti en réalité de convois de transports que tous les 15 ou 16 jours, et leur mise en route coïncidait

[1] En réalité, la Compagnie Nippon Yussen Kaisha suspendit ses voyages dès la mi-janvier.

toujours avec une attaque contre Port-Arthur pour immobiliser sa flotte [1].

Il partit donc, semble-t-il, en coordonnant tout ce qu'on a pu savoir :

a) Le 8 févier : deux convois d'une division : la 6e restée à bord jusqu'au 21, la 12e débarque à Chemulpo ;

b) Le 24 février : un convoi de 1 division, la Garde débarquée à Chemulpo et Haïdjou. — Le 8 mars : la 2e division, partie à Gensan, partie à Chinampo, sur vaisseaux libérés le 29 février par le débarquement de la 6e division.

c) Le 25 mars : Deux convois : l'un portant des brigades de réserve à Séoul, Gensan, Ping-Yang, l'autre la cavalerie de réserve à Chinampo.

d) Le 10 avril : Deux convois : l'un portant la 4e division aux îles Elliott, l'autre l'artillerie de réserve et les services généraux de la première armée à Yongampo.

e) Le 26 avril : Deux convois : les 1re et 3e division qui attendent à Chinampo puis débarquent à Pitzevo le 5 mai.

f) Le 10 mai : Brigades de réserve des 1e et 3e division à Takouchan et Pitzevo, de la 4e à Gensan.
Cavalerie de la 2e armée à Pitzevo.

g) 28 mai : Artillerie de réserve de la 2e armée à Pitzevo.
10e division à Tchingtaitze.

h) 10 juin : 5e division à Pitzevo.
11e division à Pitzevo.

[1] Ce n'est que lentement et petit à petit qu'on a réussi à connaître dans ses grandes lignes la mobilisation japonaise. Qu'on pense donc :

La censure remplaçait par des o, les numéros des troupes, le nom du lieu de départ et celui du lieu d'arrivée.

Dans les transports par chemin de fer à l'intérieur, on allait jusqu'à éteindre les lumières des gares, et les troupes ne voyageaient que la nuit.

Il fallut l'aide de la télégraphie sans fil et des lettres arrivant trois semaines après les événements par voie détournée.

Les meilleures sources sont les dépêches du steamer Haïmun affrété par le *Times* et muni d'appareils de télégraphie sans fil.

i) 28 juin : Brigades de réserve des 5e, 10e, 11e divisions à Dalny.

Artillerie de réserve d'armée à Takouchan.

j) 10 juillet : 7e division à Dalny.

Parc de siège à Dalny.

k) 21 juillet : 8e division à Tatchouang-ho.

9e division à la baie Hélène (?)

l) vers le 1er août : Brigades de réserve des 7e, 8e, 9e divisions.

***

A la fin de juillet, l'armée sera donc entièrement transportée, donnant un effectif de 288,720 hommes, soit un débit de *1,600 hommes par jour*, pendant 6 mois.

***

Et ce n'est là, — il faut le remarquer — qu'une partie du travail qui incombe à la flotte marchande. Elle doit :

1° Transporter *tout* à la suite de l'armée, ravitaillant les 27,000 rationnaires (dont 12,000 coolies) de chaque division par les ports les plus proches.

2° Aller chercher en Angleterre le charbon maigre nécessaire à la flotte de guerre.

3° Aller chercher aux Philippines, en Amérique, en Australie, les chevaux absolument nécessaires.

On voit que les 360,000 tonneaux non utilisés pour les transports de troupes sont loin de rester inutilisés.

Ils suffiront certainement à cette tâche, mais à quel prix! Pendant des mois, des années peut-être, le commerce extérieur du Japon sera suspendu ou devra passer par toutes les exigences des armateurs neutres.

***

Les difficultés sont énormes par suite du fait que le Japon et la Corée sont exceptionnellement pauvres en chevaux. *b) Sur terre.*

L'organisation japonaise le prévoit si bien qu'elle a réduit le nombre des chevaux au strict minimum : 3600 par division. Tout ce qui peut être transporté à dos d'hommes : vivres; approvisionnements, bagages régimentaires, l'est par des coolies. On ignore combien chaque division en a amené du Japon, mais à titre de base, en 1894, la division qui prit Port-Arthur (15000 hommes) en emmenait 12000 [1]. Le chiffre qui a cette fois été accordé semble ne pas suffire encore, car sur toute la route suivie par la 12e division, de Séoul à Wijou, elle a réquisitionné en outre des porteurs coréens.

Mais encore reste-t-il une masse de 46.800 chevaux pour l'armée et 15.000 environ pour les brigades de réserve, qu'il faut à tout prix. Le Japon ne les a pas : pour mobiliser les trois premières divisions, on a réquisitionné déjà des chevaux *dans tout l'Empire* ; ces chevaux du Japon petits, trapus, fauves et peu dressés sont passables pour l'artillerie, mais ne valent rien pour la cavalerie, étant peu vites et très indociles.

Seuls les régiments de cavalerie de réserve sont montés en chevaux australiens dont le premier fond a été racheté en 1900 au régiment de uhlans du corps allemand de Chine, et qui valent les meilleurs chevaux de cavalerie d'Europe.

Quant aux chevaux nécessaires aux deuxième, troisième et quatrième armées, l'amitié américaine et le temps ont permi d'y pourvoir sans doute par des achats à San-Francisco.

[1] Ainsi décomposés : 120 d'officiers, 1.246 d'artillerie, 1,080 des parcs, 350 des ponts, 250 ambulances.

Le cheval moyen traîne 400 kilos. Sa ration est de 7 kilos.

L'homme ne peut porter de façon suivie plus de 50 kilos. Sa ration moyenne est de 1 1/2 kilo, pour porter 400 kilos, il faut donc 8 hommes exigeant par jour 12 kilos de nourriture.

Pour une division, les 12.000 coolies exigeront par jour 18 tonnes de nourriture.

Mobilisation et Répartition.

En présence des difficultés et des lenteurs inévitables du transport, le Gouvernement japonais, ménageant sagement les deniers publics, n'a mobilisé que progressivement :

Le 6 février : les 2e, 6e, 12e div. et la Garde, soit une 1e armée.
Le 7 mars : les 1e, 3e, 4e div. » 2e armée.
Le 20 avril : les 5e, 10e, 11e div. » 3e armée.
Le 15 mai : les 7e, 8e, 9e div. » 4e armée.

Ces divisions étant organisées dès le temps de paix, aucun changement n'y fut apporté ; elles n'eurent qu'à se compléter en hommes. L'unité de bataille est donc la division :

Elle comprend 12 bataillons, 3 escadrons, 6 batteries de 6 pièces, 3 compagnies de génie.

***

Les première et deuxième armées ont en outre une brigade de cavalerie indépendante à 6 escadrons.

Les première, deuxième et troisième armées ont une réserve d'artillerie à 12 batteries, en majeure partie d'obusiers de campagne ; et la quatrième, un grand parc de siège.

Les bataillons de réserve de chaque division forment une brigade d'étapes ou de renfort de 4 bataillons, 1 ou 2 escadrons, 1 ou 2 batteries.

Ct en chef : Ml OYAMA	Em. Lt Gl KODAMA - M. Gl FUKUSHIMA. Artillerie Lt Gl IJICHI. Génie M. G. UHYEHARA. Train Col. OKADA.

Ire Armée : Gl Kuroki Em. M. G. Fuji.
Art. . . . . . .
Génie . . . . . .

Division	Brigades	Régiments	Observations
2e div. (Sendaï) Lt Gl Nishi	3e brig. (Sendaï) M. G. Okasuki.	5e d'infie (Sendaï)	mobilisée 5 fév.
		29e id. (id.)	Emb. Yokosuka.
	15e brig. (Yamagata) M. G.	15e id. (Yamagata)	Débt Gensan et Chinampo.
		30e id. (Niigati)	
		2e de cavie (Sendaï)	
		2e d'artie (id.)	
		2e génie (id.)	
		2e train (id.)	
12e div. (Kokura) Lt Gl Inouyé	12e brig. (Kokura) M. G. Susaka	14e d'inf. (Kokuro)	Mobilisée 5 fév.
		47e id. (id.)	Emb. Moji 8 fév.
	24e brig. (Fukuoka) M. G.	24e id. (Fukuaka)	Déb. Chemulpo 8-20 fév.
		48e id. (Kurumi)	
		12e de cavie (Kokura)	
		12e d'artie (id.)	
		12e génie (id.)	
		12e train (id.)	
Garde (Tokio) Lt Gl pce Hasegawa	1e brig. g. (Tokio) M. G.	1e de la garde (Tokio)	Mobilisée 5 fév.
		2e id. (id.)	Emb. Yokosuka 26 fév.
	2e brig. g. (Tokio) M. G.	3e id. (id.)	Débt Haïjou.
		4e id. (id.)	
		Artillerie G (id.)	
		Cavalerie G (id.)	
		Génie G (id.)	
		Train G (id.)	
	Cavie de réserve : M. G. Kimmino.	13e lanciers (Tokio)	Mobilisée 5 fév.
		14e id. (id.)	Emb.
			Débt Chinampo 25 mars
	Art. de réserve : M. G.	13e d'artie (obus. de c.)	Mobilisée 5 fév.
		14e id. id.	Emb. 10 avril.
			Débt Yongampo 16 avril

IIe Armée : Gl OKU Em.
Art.
Génie

1 L'indication entre parenthèses après les corps de troupes est leur garnison de paix.

1re div. (Tokio) Lt Gl Fushimi	1re brig. (Tokio) M. G.	1er d'inf. (Tokio)	
		2e id. (id.)	Mobilisée 7 mars
	2e brig. (Mito) M. G. Mashumara	3e id. (id.)	Emb. Ujina 10 avril
		4e id. (Maebaeshi)	Déb. Pitzevo 5 mai
		1er de cavie (Tokio)	
		1er d'artie (id.)	
		1er génie (id.)	
		1er train (id.)	

3e div. (Nagoya) Lt Gl Oshima I	5e brig. (Nagoya) M. G. Kaïzumi	7e d'inf. (Nagoya)	
		33e id. (id.)	
	17e brig. (Shimoka) M. G.	17e id. (Shizuoka)	Mobilisée 7 mars
		34e id. (Toyohasti)	Emb. Ujina 26 avril
		3e de cav. (Nagoya)	Déb. Pitzevo 10 mai
		3e d'artie (id.)	
		3e génie (id.)	
		3e train (id.)	

4e div. (Ozaka) Lt Gl Ogawa	7e brig. (Ozaka) M. G.	9e d'inf. (Ozaka)	
		37e id. (id.)	
	19e brig. (Kioto) M. G.	19e id. (Kioto)	Mobilisée 7 mars
		38e id. (Ozu)	Emb. Ujina 20 avril
		4e de cav. (Ozaka)	Déb. Pitzevo 6 mai
		4e d'artie (id.)	
		4e du génie (id.)	
		4e train (id.)	

Cav. de réserve : M. G.	15e lanciers (Tokio)	Emb. 10 mai
	16e id. (id.)	Déb. Pitzevo 15 mai.
Art. de réserve : M. G.	15e d'art. (obusiers de camp) (Tokio)	Emb. 28 mai
	16e d'art. (obusiers de camp) (Tokio)	Déb. Pitzevo 4 juin

IIIe Armée : Gl Nozzu Em.
Art.
Génie

5e division (Hiroshima) Lt Gl Yamaguchi	9e brig. (Hiroshima) M. G.	11e d'inf. (Hiroshima)
		41e id. (Kure)
	21e brigade (Simonosaki)	21e id. (Simonosaki)
		42e id. (id.)
		5e de cav. (Hiroshima)
		5e d'art. (id.)
		5e du gén. (id.)
		5e train (id.)

Division	Brigades	Régiments
10e divis. (Himedzi) Lt Gl Kawamura	8e brigade (Himedzi)	10e d'inf. (Himedzi)
		39e id. (id.)
	20e brigade (Tottori)	20e id. (Tottori)
		40e id. (Sazeyama)
		10e de cav (Himedzi)
		10e d'art. (id.)
		10e du gén. (id.)
		10e train (id.)
11e div. (Marugami) Lt Gl Tsuchya	10e brigade (Marugami)	12e d'inf. (Marugami)
		43e id. (id.)
	22e brigade (Kochi)	22e id. (Matsuyoma)
		44e id. (id.)
		11e de cav. (Marugami)
		11e d'art. (id.)
		11e génie (id.)
		11e train (id.)

Artill. du corps de siège
M. G. Sato

IVe Armée : Gl Nogi — Em. G.
Art.
Génie.

Division	Brigades	Régiments
7e division (Yozo) Lt Gl Osako	13e brigade (Hakodate)	25e d'inf. (Hakodaté)
		26e id. (Attori)
	14e brigade (Otaru)	27e id. (Otaru)
		28e id. (Sapporo)
		7e de cav. (Otaru)
		7e d'art. (id.)
		7e du gén. (id.)
		7e train (id.)
8e division (Hirosaku) Lt Gl Tatsumi	4e brigade ( )	6e d'inf. (Hirosaki)
		31e id. (Awomori)
	16e brigade ( )	16e id. (Akita)
		32e id. (Sakatu)
		8e de cav. (Hirosaki)
		8e d'art. (id.)
		8e du gén. (id.)
		8e train (id.)

9e division	6e brigade	8e d'inf. (Kanazawa)
(Kanazawa)	(Kanazawa)	35e id. (id.)
Lt Gl	18e brigade	18e id. (Fukari)
Oshima II	(Sakahu)	36e id. (Tsuruga)
		9e de cav. (Kanazawa)
		9e d'art. (id.)
		9e du gén. (id.)
		9e train (id.)

Artillerie de réserve	17e d'artillerie (Tokio)
	18e id. (id.)

6e division	11e brigade	13e d'inf. (Kumamoto)
(Kumamoto)	(Kumamoto)	45e id. (id.)
Lt Gl	23e brigade	23e id. (Kagoshima)
Okubo	(Kagoshima)	46e id. (Nagazaki)
		6e de cav. (Kamamoto)
		6e d'art. (id.)
		6e du gén. (id.)
		6e train (id.)

BRIGADES DE RÉSERVE.

1re Brig. de rés.	4e bat. des 1re-2e-3e-4e	— 1 esc. - 2 batt.	1 comp. gén.	à Séoul
2e »	4e bat. des 5e-15e-29e-30e	»	»	à Anjou
3e »	4e bat. des 7e-17e-33e-34e	»	»	à Tien Tjou
4e »	4e bat. des 9e-19e-37e-38e	»	»	à Gensan
5e »	4e bat. des 11e-21e-41e-42e	»	»	à Dalny
6e »	4e bat. des 13e-23e-45e-46e	»	»	à Fusan
7e »	4e bat. des 25e-26e-27e-28e — la formation de 4e bat. est douteuse dans cette divison récemment complétée seulement.			
8e »	4e bat. des 6e-16e-31e-32e	—1 esc. - 2 batt.	1 comp. gén.	
9e »	4e bat. des 8e-18e-35e-36e	»	»	
10e »	4e bat. des 10e-20e-39e-40e	»	»	à Dalny
11e »	4e bat. des 12e-22e-43e-44e	»	»	à Dalny
12e »	4e bat. des 14e-24e-47e-48e	»	»	à Wijou
Garde de réserve	4 bat. de la Garde	— 5 esc., 14 batt.,	1 comp. gén.	à Ping-Yang

L'ARMEMENT

Fusils. L'infanterie russe est armée du fusil Mossine dit « de trois lignes. »

Arme à magasin de 5 cart. sous le tonnerre. Les cartouches sur une lame-chargeur à rainure. Baïonnette longue de 0^m80.

Calibre : 8^{mm} ; longueur 0^m77 ; poids 4 kilogrammes (4,400 avec baïonnette).

Cartouche : 23 grammes, dont 18,3 de la balle, en plomb revêtu, longue de 4 calibres, et 1,8 de charge en poudre sans fumée. Le soldat en porte 120.

Portée : La hausse est graduée jusque 1300 « sagènes » (0^m 71) sur le pied et 2700 (1918 mètres) sur la hausse.

Vitesse initiale : A charge normale, 620 m. par seconde.

L'infanterie japonaise a deux fusils : le « Murata » et l' « Arisaka » dit Meiji 1897.

Arme presque identique au Mauser espagnol de 7^{mm} ; magasin à 5 cartouches.

Calibre : $6^{mm}5$ *seulement ;* longueur 1,27 et 1,66 avec baïonnette ; poids, 3.90 kilos et 4,35 kilos avec baïonnette.

Cartouche : 15 grammes, dont 2 de charge en poudre Itabaki, 10.3 balle de plomb revêtu, longue de 3,2 centimètres ou 4 ½ calibres. Le soldat en porte 120.

Portée : La hausse est graduée de 400 à 2000 yards.

Vitesse initiale : 706 m.

La trajectoire est si rasante que la zone dangereuse est large de 600 m. A cette distance, la balle n'est qu'à 1 m. 65 d'un sol plan.

***

Ce sont deux bonnes armes, chacune appropriée fort sagement aux hommes qui doivent s'en servir : le soldat japonais ne pourrait porter un poids de 2 kilos 760 en cartouches comme le russe ; par contre, on ne peut confier aux mains des moujicks une arme frêle comme le Meiji 1897.

Le seul point faible du Meiji est son calibre extrêmement réduit ; on a vu au Transvaal les faibles effets vulnérants du Mauser boer de 7^{mm} quand il n'atteignait pas des organes vitaux....

L'infériorité du russe consiste dans la moindre tension de sa trajectoire.

Quant au Murata, il arme la territoriale japonaise et peut-être les brigades de réserve. Il en existe deux types : un de 11^{mm} sans répétition ; un de 8^{mm} à magasin dans le fût.

***

L'artillerie russe fut surprise par la guerre en pleine réorganisation. Elle était armée en grande partie de matériel modèle 1877 de trois types : Canons.

Pièce lourde : Cal. 106,7^{mm}, — poids équipée sans servants 2160, avec servants 2550.

Charge 1 k. 84 { Shrapnell 12 k. 5 à 3200 m.
Obus 12 k. 7 à 5335 m.

Légère : Cal. 87^{mm}, — poids équipée sans servants 1665, avec servants 1910.

Charge 1 k. 40 { Shrapnell 6 k. 92 à 3415 m.
Obus 6 k. 86 à 6400 m.

Montagne : Cal. 63.5^{mm}, — poids

Charge { Shrapnell 4 k. à 2880 m.
Obus 4 k. à 4260.

Mortier : Cal. 152,4^{mm}, — poids 1960 k. (pas d'avant-train, la pièce seule = une voiture.)

Charge 4 k. 88 poudre noire { Obus 31 k. à 3556 m. (VI 220 m. par sec.)

Charge 1 k. 74 sans fumée, { Shrapnell 31 k. à 3567 m. (VI 232 m. par sec.

Ce matériel fut modifié en 1897-1898 par l'adoption d'une bêche de crosse et de freins à ressort prenant appui sur les roues, ce qui limita considérablement le recul et donna la vitesse de tir de quatre coups par minute.

Mais le général Engelhardt, auteur de cette modification, présenta en 1900 le canon léger à tir rapide qui porte son nom et fut adopté l'année même.

C'est une pièce à recul sur l'affût, du type adopté presque dans toute l'Europe, mais sa caractéristique est que, vu le climat russe, l'élément *hydraulique* en est exclu et remplacé par un grand nombre de rondelles en caoutchouc courant le long d'une tringle d'acier.

Ce dispositif annule le recul et donne une vitesse de seize coups par minute.

Calibre : 76mm. Poids, seule 276 kilos, équipée 1,720 kilos.

Charge : { Shrapnell . . . . . / Obus . . . . . . } (VI de 600 m. p. s.)

L'avant-train porte 36 coups, chaque caisson 80 coups.

Malheureusement, au début de la guerre, seuls les corps de Pologne et la garde l'avaient déjà, peut-être aussi une partie de ceux d'Orient, mais certes pas tous, car le 9 février, 72 pièces partaient encore de Saint-Pétersbourg pour Kharbin.

Même les troupes l'ayant déjà ne la connaissaient guère encore, et l'artillerie russe devra faire ses tirs de polygone sur le champ de bataille, ce qui n'ira pas sans casse.

De plus, sauf le canon lourd 1877, la Russie n'a rien à opposer aux Arisaka à tir rapide de 12 cm., à moins qu'elle n'achète hâtivement du matériel à l'étranger pour réarmer ses régiments d'obusiers, encombrés du vieux et lourd mortier de 15 cm.

Le Japon leur opposait trois pièces excellentes, toutes à tir rapide par *frein hydropneumatique* limitant le *recul sur l'affût*.

Le frein est contenu dans la flèche tubulaire en acier. Fermeture Bange à vis.

La vitesse de tir *réglementaire* est de 12 coups par minute, mais elle a été dépassée aux expériences.

On n'a guère de données balistiques sur ces pièces dont les Japonais font un grand mystère.

Ce sont :

Le 75^{mm} à tir rapide. (Obus de 4 k. 54, fusée graduée jusque 6,200 m.).

L'obusier de 90^{mm} de montagne à tir rapide. (Obus de 4 k. 54, fusée graduée jusque 4,800 m.).

Le 120^{mm} Arisaka à tir rapide.

Ce dernier arme en partie les régiments de réserve ; un groupe de chacun probablement.

Cinq régiments et un groupe sont armés de pièces de montagne, le reste de pièces de campagne.

Soit : Montagne, 33 batteries.
Campagne, 63 batteries.
Obusiers, 18 batteries.

B. — MARINE

On se figure avoir tout dit quand on vient d'énumérer les cuirassés d'une nation. C'est comme si, pour apprécier une armée, l'on se bornait au nombre de ses canons.

Nous verrons donc outre cela les équipages, les arsenaux et ports et la question du charbon.

MARINE RUSSE

Équipages. La Russie aura toujours peine à maintenir une marine, *parce qu'elle n'a pas de marins*, sauf dans la mer Noire, dont la flotte ne peut sortir des Dardanelles. En effet, sur la Baltique, la côte est occupée par des populations à demi-russifiées seulement, et d'ailleurs trop peu nombreuses pour recruter une grande flotte. Il y a bien Arkhangel....

On est donc forcé de *faire* des marins de conscrits pris partout. Ces hommes apportent leur dévouement aveugle, leur endurance et leur bonne volonté de s'instruire, mais on naît marin et ils restent paysans sans ce sentiment de la mer qui donne de l'initiative.

En outre, l'instruction des officiers n'est pas assez poussée : on se contente d'en faire de bons mécaniciens ou canonniers, ou torpilleurs, mais chacun, en dehors de sa spécialité, sait bien peu de chose.

***

Charbon. Le traité de Cassini donne droit à la Russie d'exploiter les mines situées dans le rayon d'exploitation du chemin de fer.

Sont en exploitation : *Yentai* à 40 kilomètres de Moukden.

Mao-Chan (sur la ligne Karbin-Ningouta). *Sam-Sin* (près Ningouta). *Ou-Song* (à la frontière coréenne).

En outre, elle possède en pleine exploitation en Sibérie : Tcheremkolsk (au sud d'Irkoutsk), qui donne 23 millions de pouds par an.

Dans l'Oussouri : mines du chemin de fer, 4 millions de pouds par an.

Mines privées, 5 millions de pouds par an.

Mines de la Société Sud Oussourska, 1,7 millions de pouds par an.

Soit, par an, 33,7 millions de pouds assurés sans toucher à la Mandchourie, ce qui doit écarter toute crainte à ce point de vue, au moins à partir du moment où la voie fluviale sera rouverte.

***

Deux grands ports de guerre et deux rades de refuge : Ports

Vladivostock. — Rade profonde toujours accessible ayant deux goulets, constituée par les rivages découpés de la presqu'île de Vladivostock et de l'île Rousski tous deux garnis de batteries.

Le port est au fond d'une baie, qui s'enfonce de 4 kilomètres dans la presqu'île. Il a deux cales sèches pour les plus grands navires.

La ligne Vladivostock-Kabarovsk peut lui amener le charbon d'Oussouri. Malheureusement, le port gèle d'octobre à mars.

Port-Arthur. — Ce port n'a de précieux que sa position géographique et le fait qu'il gèle rarement. Il se compose d'une baie ensablée de 3 kilomètres sur 5, où l'on a péniblement dragué un chenal de 180 mètres de large sur 800 de long et un bassin de 400 mètres de côté. Le goulet ne tire que 6 m. 50 à marée basse, ce qui oblige les cuirassés à attendre la haute mer pour rentrer ou sortir. Le port n'est pas à l'abri d'un bombardement, n'étant séparé de la mer que par une bande de 5 à 800 mètres.

On y avait, il est vrai, entrepris de grands travaux : percement d'un second goulet et approfondissement de l'ancien, dragages dans la rade intérieure, mais il semble que rien n'était fait au 8 février. Même la seconde cale sèche n'était pas terminée et l'on en était réduit à la cale chinoise trop courte pour les grands navires modernes.

Le charbon semble avoir été accumulé en grande quantité dans la place, par achats aux mines chinoises de Kaïping.

Possiet-Bay. — Baie « Expédition », en eau profonde ; l'entrée est défendue par le fort Novgorodski. (Charbon de On-Song.)

Nicolaïeff. — Bon mouillage entre l'île Sakhaline et la Sibérie, facilement défendable. Conviendrait au repos d'une escadre venant du passage du Nord-Est. (Charbon de Sakhaline bien que gras, faute de mieux.)

***

Matériel. Il y avait en Orient :

6	cuirassés	71,420	tonneaux	3,540	hommes.
5	croiseurs cuirassés	56,091	»	3,630	»
2	canonnières id.	3,000	»	284	»
7	croiseurs	39,885	»	3,100	»
3	avisos	4,000	»	450	»
6	canonnières	5,811	»	887	»
26	contre-torpilleurs.				
30	torpilleurs.				
4	transports.				

Tableau du Matériel de la Marine russe

(mer Noire exclue)

A. — Cuirassés.

15 Cuirassés	Lancé en.	Tonnage.	Vitesse en nœuds.	Cuirasse			Armement.	Équipage.	Commandant.
				Ceinture	Tourelle	Pont.			
Alexandre II.	87	8440	16	356	305	76	2^{305mm} 4^{229} 8^{152} 10^{47} 10^{m} VI	604	
Nicolas I.	89	id.	id.		id.		id.	id.	
Navarin.	90	9476	16	356	305	76	4^{305} 8^{152} 10^{47} 6^{m} VI	id.	
Petropavlovsk.	94	10050	17.2	400	400	90	4^{305} 8^{203} 8^{47} 8^{m} VI	436	Yakovleff.
Poltava.	94	id.	id.		id.		id.	id.	Ouspenski.
Sebastopol.	95	id.	id.		id.		id.	id.	Tchernichoff
Sissoï Veliki.	94	8860	16	405	350	76	4^{305} 6^{152} 12^{47} 6^{m} IV	604	
Pobieda.	1900	12700	19	230	254	115	4^{254} 11^{152} 20^{75} 28^{m} VI	732	Stazarenny.
Retvisan.	1900	id.	18.7		id.		4^{305} 14^{152} 20^{75} 6^{47} VI	750	Kossovich.
Cesarewich.	1901	13110	18	450	370	90	4^{305} 2^{229} 6^{152} 20^{75} 20^{m} VI	750	Gregorovitch.
Alexandre III.	1901	13516	18.5	450	350	90	4^{305} 12^{152} 20^{75} 20^{m} VI	740	
Borodino.	1901	id.	id.		id.		id.	id.	
Orel.	1901	id.	id.		id.		id.	id.	
Kniaz Souwaroff	1902	id.	id.		id.		id.	id.	
Slava.	1903	id.	id.		id.		id.	id	

Les trois premiers et le Sissoï sont vieux, faibles d'armement et de vitesse, mais leur fort approvisionnement de charbon leur permet de longs voyages.

N. B. Les chiffres romains indiquent le nombre de tubes-lance-torpilles.

Les trois du type Poltava sont des navires de vitesse moyenne, mais ayant aussi un rayon d'action étendu. Leur armement formidable quant au calibre manque d'artillerie moyenne contre les torpilleurs ; de plus, l'excès de grosse artillerie dans les hauts nuit à la stabilité. Ce seraient peut-être de bons *garde-côtes ;* ce sont de mauvais navires de combat.

Le Pobieda et le Retvisan, conçus originairement comme *croiseurs,* en portent la trace en ce que leur cuirassement n'est que la moitié des autres. Mais leur vitesse et la bonne répartition de leur artillerie leur assurent de bonnes qualités offensives.

Le seul qui méritât en Orient le nom de « *cuirassé,* » était le Cesarewich, construit à la Seyne sur les plans du « Jauréguiberry » améliorés.

C'est un excellent navire, et l'événement a montré que, comme son modèle, il possède une défense secrète : une cloison cuirassée protégeant les machines au-dessous de la flottaison.

Il y a dans la Baltique une division homogène de 5 cuirassés du type Cesarewich amélioré, mais trois seulement sont en état de partir cette année.

Le Slava qui n'a pas sa cuirasse en place et le Souwarow qui n'a pas son armement, ne peuvent faire leurs essais qu'en 1905.

10 Croiseurs cuirassés

Am^l Nahimoff.	85	7781	17.5	254	203	76	8^{203} 10^{152} 4^{75} 68 IV	567	
Dmitri Douskoï	82	5893	15.5	180	305	51	4^{203} 4^{152} 8^{150} 26 lég^rs IV	521	
Vlad^r Monomach	83	5796	15.4		id.		id.	id.	
Pamyat Azorva	88	6096	17.5	254	203	70	2^{203} 11^{152} 4^{75} 158 III	550	
Ruryk.	92	11200	19.5	254	225	70	4^{203} 16^{152} 6^{120} 26 lég. V	768	Matouszevitz
Rossia	96	12195	22		id.		id.	id.	Anorciel.
Peresvict.	97	12560	20		id.		4^{254} 8^{152} 5^{120} 17 lég. VI	775	Boissman.
Ossliablia.	97	12560	20		id.		id.	id.	
Gromoboï	99	12336	20	152	0	90	2^{203} 4^{203} 16^{152} 24 lég. II	800	Dabitsch.
Bayan.	1900	7800	22		id.		2^{203} 2^{203} 8^{152} 7^{75} V	512	Wirren.

A partir du Ruryk, ce sont tous excellents navires : bonne protection et stabilité, forte artillerie, grande vitesse et énorme rayon d'action (le Ruryk 19,000 milles à 10 nœuds).

Les Ruryk, Rossia et Gromoboï, forment, à Vladivostock, une division homogène et redoutable. De ce qui reste en Russie, par exemple, seul l'Ossliablia les vaut. Les quatre autres, vieux et lents, sont inférieurs, mais leur rayon d'action aussi est très étendu.

8 Garde-côtes

Aml Seniavin.	94	4525	16	254	380	76	4^{229} 4^{120} 6^{47} 12R IV	318
» Uschakoff.	94	id.	id.		id.		id.	id.
» Apraxine.	94	id.	id.		id.		id.	id.
» Butakoff.	1900	6000	id.		id.		id.	id.
Grosiatschy.	90	1492	15	127	90	38	2^{229} 1^{152} 8 légères II	120
Khrabry.	92	id.	id.		id.		id.	id.
Gremiatschy.	92	1500	id.		id.		id.	id.
Otvajny.	95	id.	id.		id.		id.	id.

B. — Navires protégés.

10 Croiseurs

Rynda	85	2950	15	38 mm pont	10^{152} 8^{47} 4R IV	322	
Aml Korniloff	87	5880	18.5	38	2^{203} 14^{152} 21 lég. VI	427	
Svietlana	95	3828	20	76	6^{152} 10^{47} IV		
Aurora	99	6630	20	76	6^{152} 6^{120} 18^{47} 9R IV	500	
Diana	99	id.	20	76	id.		Saleski.
Pallada	99	id.	20	76	id.		
Askold	99	6750	23	76	id.		Gramatschikoff
Varyag	1900	id.	23	76	id.		Roudnief
Bogatyr	00	id.	24	76	id.		Stemann
Novik	00	3200	26	51	6^{120} 12^{47} 2^{63} 1^{130} V	300	Jessen
Boyarin	01	id.	23.4	51	id.		Essen
Almaz	01	id.	23.4	51	id.		
Vitiaz	02	6786	23	76	6^{152} 6^{120} 18^{47} 9R IV	500	
Oleg	02	id.	23	76	id.		
Jemtchuk	02	3200	24	51	6^{120} 12^{47} 2^{47} 1^{120} V	300	
Izumrug	02	id.	24	51	id.		

Sauf le Rynda, vieux et lent, tous sont bons. Les navires du type Askold et du type Novik ne sont égalés en vitesse par aucun japonais.

9 Avisos

Djighit	76 (fer)	1456	12.5	0	Nazareski.
Kreysser	75 (fer et bois)	1542	13.2	»	
Noüdzick	78 (id.)	1333	13	»	
Rasboinick	78 (id.)	1333	13	»	Lievens.
Zabiaca	79 (fer)	1234	14.5	»	
Plastoun	79 (fer et bois)	1255	12	»	
Strelok	79 (id.)	1343	12	»	
Viestnik	79 (id.)	1343	12	»	
Opritschnik	80 (id.)	1426	13	»	

Sans aucune valeur. Inflammables.

10 Canonnières

Bobr	84	950	14	0	1^{229} 1^{152} 6^{47} 6R	160	
Sivoutch	84	950	14	»	id.	id.	
Koreetz	86	1224	14	»	2^{203} 1^{152} 6R II	161	Belaieff
Mandchour	86	1224	14	»	id.	id.	
Giliak	97	963	14	»	1^{120} 5^{47} 4^{47} 2^{37} II	160	
Lieut Ilinn	86	610	19.6	»	6^{47} 6^{3} VII	120	
Haidamak	93	500	22	»	6^{47} 7^{37} 10R VII	57	
Possadnik	92	500	22	»	id.	id.	
Voïevode	93	500	22	»	id.	id.	
Vsadnik	93	500	22	»	id.	id.	

Soit 5 canonnières aptes à la guerre des estuaires, et 5 mouches d'escadre.

C. — Torpilleurs.

48 Contre-Torpilleurs

	Abrek et Sokol	97	240	29.5	1^{75} 3^{47} II	33
	Lieut Bourakoff	98	280			
26	— — — — — — — — — —	98-99		29	1^{75} 6^{47}	50
	— — — — — — — — — — — — — — —	00-03 en Sibérie	350	29	1^{75} 6^{47} II	38
14	Silny, Serdity, Smieli, Strachny, Sterreguschi, Velsimately, Vonuschitny, Bestrachni, Rosiatschy, Klastni — — — —	1900	350	28à30	1^{75} 6^{47} II	58
5	Blestiatschi, Baistri, Buini, Bodri, Bezuprechni	01-02	312	28	1^{75} 5^{47} III	51
5	Zadorni, Zorki, Zvonki, Zavidni, Zavietni	1903				

142 TORPILLEURS

42 de prem. classe.	Nos 101 à 142.
70 de deux. classe.	Nos 1 à 20, 22 à 37, 30-40, 42 à 28.
22 de prem. classe.	Nos 201 à 206, 208 à 223.
8 de deux. classe.	Nos 21 à 28.

D. — Services.

4 TRANSPORTS DE SIBÉRIE

Angara	95	10225	20 nœuds	3 pièces de 120, 20 de 75	Skouchamline
Lena	98	id.	id.	id.	
Amour	00	2300	18 nœuds	1 pièce de 120, 6 de 75	
Ienisei	00	id.	id.	id.	

23 FLOTTE VOLONTAIRE DE LA MER NOIRE.

Vladimir		10225	20 nœuds	3 pièces de 120, 20 de 75
Voronèje		id.	id.	id.
Moskou		id.	id.	id.
Kiev		id.	id.	id.
Kabarovsk		id.	id.	id.
Kherson		id.	id.	id.
Kazan		id.	id.	id.
Smolensk		id.	id.	id.
Ekaterinoslav	86	8000	19 nœuds	1 pièce de 203, 6 de 152, 2m
Orel	89	id.	id.	id.
Nijni	91	id.	id.	id.
Petersbourg	94	id.	id.	id.
Saratof	91	id.	id.	id.
Tambov	93	id.	id.	id.
Orenbourg	99	id.	id.	id.
Penza	99	id.	id.	id.
Riazan	99	id.	id.	id.
Simbirsk	00	id.	id.	id.
Toula	00	id.	id.	id.
Viatka	00	id.	id.	id.
Jaroslav	93	2350	15 nœuds	
Koursk	98	id.	20 nœuds	
Vladivostock	1901	id.	20 nœuds	

ACHETÉS POUR LA GUERRE.

Odessa (ex Russia)		
Don (ex Furst Bismark)	8800	20 nœuds
Oural (ex Maria-Theresa)	8800	20 nœuds
Terek (ex Columbia)	8800	20 nœuds

RÉPARTITION

Chef d'E.-M. du vice-roi pour la Marine : Vice-Amiral WITGHEFT.

Escadre de Port-Arthur	V.-A. Makaroff (ex Starck)	Petropavlovsk	*Torpilleurs.*
		Poltava	
	E.-M. C.-Aml Molass	Sebastopol	Cape de vau Matuszewich
	En 2d C.-Aml Ouktomski	Pobieda	Lieutt Bourakoff.
		Retvisan	Vnimately, Vonuschitelny,
		Cesarevich	Vlaston, Silny, Serdity,
			Straschni, Snieky,
		Peresviet	Stereguschy, Staroschevo,
		Bayan	Bespochadin, Bojevoi,
			Gromovoi, Reschitelny,
		Otvajny	Rosiatschy, Klastni.
		Gremiatschy	
		Diana	
		Pallada	
		Askold	
		Varyag	
			Service.
		Novik	Angara,
		Boyarin	Amour
			Ienissei
		Djighite	
		Zabiaca	
		Bobr	
		Koreetz	
		Mandchur	
		Sivoutch	
		Giliak	
		Haidamak	
Escadre de Vladivostock	C.-A. Stackelberg	Rossya	*Torpilleurs.*
	puis Cape Reitzenstein ff.	Rurik	
	puis C.-Aml Jessen	Gromoboi	
	puis V.-A. Skrydloff		
	Em. C.-Aml Bezobrasoff	Bogatyr	*Service.*
			Lena.
		Rasboinik	
			Torpilleurs.
1re Escadre de renfort (non arrivée)			Blestatchy, Buini,
		Osslíablia	Buistri, Bezuprechni,
	C.-Aml Vesselago	Dmitri Donskoi	Bravii, Bedovii et 3 torp.
			Service.
		Aurora	
		Almaz	Saratov.

2e Escadre de renfort		V.-A. Rogestvensky	Alexandre II
			Nicolas I
		E.-M.	Sissoï Veliki
	Cts des div.	C.-Aml Felkersam	Alexandre III
	id.	C.-Aml Enqvist	Borodino
	id.	C.-Aml Vesselago	Orel (avarié) puis Kniaz Souworoff
			Ossliablia
			Aml Nakhimoff
			Pamyat Azowa
			Aurora
			Vitiaz
			Oleg
			Almaz
			Iemtchuk
			Izumrug
			Svietlana

MARINE JAPONAISE

Équipages. Le Japon dispose d'une énorme population maritime, grâce au périmètre très étendu de ses côtes. Ne s'est-il pas qualifié lui-même de « Grande-Bretagne d'Orient ? »

Cela lui permet un choix méticuleux de ses matelots qu'il recrute par engagements et par service personnel et obligatoire des gens de mer pendant 7 ans dont 3 en congé.

Paix :	2,347 officiers et assimilés,		27,838 hommes.
1re Réserve :	275	» »	6,207 »

Les Japonais ont été de tout temps de hardis marins, et leur mémoire prodigieuse les sert bien pour l'emploi des organes compliqués de la marine moderne.

Les officiers sont formés par une école navale qui, copiant d'abord les programmes de l'école navale anglaise, les a progressivement élargis en choisissant dans chacune des marines européennes ce qu'elle avait de meilleur.

La caractéristique de leur marine est l'audace jointe à la ténacité la plus entêtée. C'est ainsi qu'en 1894 à la bataille du Yalou, on vit un transport à peine armé passer entre les deux lignes de la flotte chinoise pour détourner son feu. Il réussit et assura le succès de l'attaque principale.

Dans la même guerre, on vit des torpilleurs japonais s'y reprendre à quatre fois pour couler un navire chinois dont des glaces les séparaient. La quatrième nuit on réussit, mais plusieurs hommes étaient morts gelés.

***

Charbon. Le Japon produit assez bien de charbon, mais fort gras ; sa combustion dégage une épaisse fumée qui décèle de loin le navire ; elle encrasse rapidement les machines.

Tout le charbon de la flotte devra donc, pour bien faire, venir d'Angleterre.

***

Ports et Rades.

Le Japon est admirablement pourvu. Sa mer intérieure tout entière n'est-elle pas une immense rade à quatre goulets tous bien défendus ? Le réduit de cette position est *Kuré*, le grand arsenal de construction du Japon, près d'Hiroshima. Le port ayant un outillage qu'envieraient nombre de ports de guerre européens est défendu par tout un groupe d'îles, qui lui constituent, *à 12 kilomètres*, une protection contre le bombardement des meilleures pièces.

Sascho. — Dans l'île Kiou-Siou. A 10 kilomètres dans l'intérieur des terres, goulet de 600 mètres. Deux cales, disent les uns, plus encore dit-on. C'est la base japonaise la plus rapprochée de Port-Arthur (600 milles.)

Maizura. — Excellent port sur la côte ouest, au fond d'une baie s'enfonçant de 9 kilomètres dans les terres, goulet de 300 mètres.

Yokosuka. — A l'entrée de la grande baie de Yokohama-Tokio. Ici la nature n'a pas fait grand'chose, mais on y a suppléé par un grand nombre d'ouvrages sans doute, car trois bataillons d'artillerie de côte y tiennent garnison dès la paix. L'entrée de la baie a 9,500 mètres, mais on pourrait sans doute la réduire en enlevant les bouées de bas-fonds et en mettant des torpilles dormantes.

Hakodaté. — Dans l'île de Yezo. Moins bon, parce que la ville est sur la pointe qui sert de défense au port et serait la première victime d'une attaque.

Quant aux baies ou rades défendues, elles fourmillent : *Kogoshima*, dans l'île Kiou-Siou ; *Toyohasti*, sur la côte sud-est ; *Avomori*, au Nord, en face d'Hakodaté, sont les principales.

***

Navires. Le Japon possédait à l'ouverture des hostilités :

6 cuirassés	84.950	tonneaux	4.170	hommes.
9 croiseurs cuirassés	74.850	»	4.450	»
6 garde-côtes	26,402	»	2,316	»
14 croiseurs	51.206	»	5,048	»
8 avisos et 11 canonnières	16,620	»	2,941	»
19 contre-torpilleurs.				
69 torpilleurs.				

Flotte Japonaise en 1904.

6 Cuirassés	Lancé en.	Tonnage.	Vitesse en nœuds.	Cuirasse en mm — Ceinture	Cuirasse en mm — Tourelles	Cuirasse en mm — Pont	Armement.	Équipage.	Commandant en 1904.
									(Cap. de vais.)
Fuji Yama	1896	12450	18.7	450	350	62	3^{305} 10^{152} 20^{47} 4^{47} V tubes	600	Matsumoto
Yashima	1896	id.	19.2	id.	id.	id.	id.	id.	Sakamatu
Shikishima	1898	14850	18.5	225	350	125	4^{305} 14^{152} 20^{76} 12^{47} V tubes	741	Teragaki
Mikasa	1899	15200	18	228	305	100	4^{305} 12^{152} 18^{76} 12^{47} IV tub.	789	Ijichi
Asahi	1899	15000	19	335	305	75	4^{305} 12^{152} 20^{76} 10^{47} V tubes.	720	Yamada
Hatsuse	1900	id.	19	id.	id.	id.	id.	id.	Nakao
		84650						4180	

Tous ces navires sont excellents, possédant une bonne stabilité de plateforme pour le tir. Leur protection est parfaite : toutes les grosses pièces en tourelles, les moyennes en blockaus cuirassés ; les petites ont des masques d'acier.

Sur leurs tubes lance-torpilles, deux au moins de chaque navire sont sous-marins.

8 Croiseurs Cuirassés et 1 ancien	Lancé en.	Tonnage.	Vitesse en nœuds.	Ceinture	Tourelles	Pont	Armement.	Équipage.	Commandant en 1904.
Asama	1898	9750	22	178	152	51	4^{203} 14^{152} 12^{76} 12^{47} V	540	Yashiro
Tokiwa	1898	id.	id.	id.	id.	id.	id	id.	Nomoto
Idzumo	1899	9800	id.	id.	id.	id.	id.	id.	Ijichi
Iwate	1900	id.	id.	id.	id.	id.	id.	id.	Taketomi
Yakumo	1899	9850	id.	id.	id.	id.	id.	id.	
Adzuma	1899	9456	id.	id.	id.	id.	id.	id.	Fuji
Kassaga	1901	7000	20	150	150	37	2^{254} 10^{152} 6^{120} 24^{44} 5^{47} V	451	
Nisshin	1901	id.	id.	id	id	id.	id.	id.	
Tchiyoda	1890	2450	19	117	102	25	10^{120} 14^{47} 3 mitr. III	308	
		74850						4450	

Les six premiers sont hors pair, unissant un maximum de vitesse à une protection très réelle, 178mm d'acier harveyé. Sont cependant inférieurs aux russes.

Les deux achetés à l'Argentine sont du type des Espagnols, qui n'ont pu tenir devant les cuirassés américains à *Cuba* ;

la protection du pont est nulle contre un tir plongeant de grosses pièces.

Le dernier par son tonnage serait plutôt un aviso, mais sa protection est assez sérieuse pour justifier son classement. Dans la guerre de 1894, il a beaucoup fatigué, mais reste redoutable pour un simple « protégé », comme le Varyag par exemple.

6 Garde-côtes

Itsikushima	1889	4300	16.7	—	400	51	1^{320} 11^{120} 5^{47} 12M IV	400	
Matsushima	1890	id.	id.	—	id.	id.	id.	id.	Kawashima
Hashidate	1891	id.	id	—	id.	id	id.	id.	Kito
Chin-Yen	1892	7430	11.8	335	305	76	4^{305} 2^{150} 1^{120} 8M IV	550	
Fû-Sô	1877	3717	14.	229	0	0	4^{240} 2^{152} 2^{120} 6^{75} 5M	386	
Saï-Yen	1883	2355	15.	0	254	76	2^{210} 1^{150} 4^{75} 9M IV	180	
		26402						2316	

La protection des trois premiers comprend un réduit cuirassé à 400^{mm}, les extrémités ne sont pas protégées et la cuirasse du pont est dérisoire, surtout contre les obus plongeants des batteries hautes de côte ou même de bord. Les trois autres feraient à trois un bon vaisseau, mais le Chin-Yen n'a pas de vitesse, le Fû-So pas de protection de pont, le Saï-Yen pas de protection de ceinture, ce qui rend chacun d'eux détestable.

Donc, navires à ne risquer qu'à proximité d'un lieu de retraite.

14 Croiseurs

Idzumi	1884	2800	18.3	25^{mm}	pont	6^{120} 2^{100} 2^{75} 8M III	288	
Naniwa	1885	3727	18.7	76	»	2^{260} 6^{152} 2^{75} 10 M IV	365	Naniwa
Takachyo	1885	id.	id.	76	»	id.	365	Mori
Hei-Yen	1889	2067	15	90	»	1^{260} 2^{57} 4M pas de tubes	180	
Oshima	1890	3727	19	115	»	1^{320} 12^{120} 6^{75}	365	
Yoshino	1891	4250	23	120	»	3^{152} 8^{120} 7^{75} 22^{47} V	432	Sarki
Akitsushima	1892	3150	19	75	»	4^{152} 12^{120} 6^{75}	365	
Suma	1895	2700	20	76	»	2^{152} 6^{120} 12^{47} 4M II	264	
Akaski	1897	id.	id.	id.	»	id.	264	
Takasago	1897	4150	24	120	»	2^{203} 10^{120} 12^{75} 6^{75} V	432	Ishibashi
Kasagi	1898	4784	22.5	id.	»	id.	id.	Ide
Chitose	1898	id.	id.	id.	»	id.	id.	Takagi
Niitaka	1902	4320	20	127	»	2^{203} 10^{120} 13^{75}	id	Shoti
Tsushima	1902	id.	id.	id.	»	id.	id.	Sento
		51206						

Parmi ces navires l'Idzumi, sans protection, et le Hei-Yen sans vitesse sont hors service. Les onze autres sont de bons navires pour leur rôle d'éclaireurs et de coureurs de mer. Cependant cette liste ne renferme aucune unité capable de lutter *isolément* avec le Varyag ou le Bogatyr, surtout au point de vue de la vitesse.

8 Avisos

Tsukushi	1883	1350	16.8	2^{254} 4^{102} 2^{12} 4M II	190
Takao	1888	1774	15	4^{152} 1^{120} 11^{37} II	255
Yaye-Yama	1889	1600	19		250
T. Tatsuta	1894	875	21	2^{120} 4^{47} V	242
T. Shirane	1894	id.	id.	id.	id.
Myako	1899	1800	21	1^{152} 5^{120} 4^{57} 3M	167
T. Chihaja	1900	1250	21	2^{120} 4^{47} III	222
T. Akasaki	1900	id.	id.	id.	id

11 Canonnières

Akagi, Atago. Maya. Tchokai	1886 à 1888	614	11	2^{150} 1^{20} 2M id.	113
Chin-Sei, Chin-Nan Chin-Pen, Chin-Hoku Chin-Chu, Chin-To	1879-1881	440		1^{260} 2^{12} 4M	87
Tsiima	1888	750			177

Le Japon possède là un lot de navires de valeur très différente : les six derniers avisos étant rapides remplissent bien leur service d'escadre de mouches, et, à défaut de gros canons, quatre d'entre eux sont armés en avisos-torpilleurs.

Les canonnières ne sont pas très nombreuses pour une marine qui devra guerroyer dans l'estuaire des fleuves et sur des côtes ayant des laisses de mer considérables, mais leur faible tirant d'eau (surtout les six chinoises), joint à leur formidable armement, en fait de bons instruments.

19 Contre-Torpilleurs		
Sakazuki	1897	275
Murakumo, Akebono Ikadzuki, Shinomone	1898	380
Akadzuki, Asashio Kazumi, Shirakumo	1902	306
Asagiri Hayatori Sazanami	1901	306
Usugumo, Sadsunami	1899	300
Kagero, Yugiri Inadzuma, Chirane	1899	275
Oboro	1900	

Ce sont les types anglais, ils viennent d'ailleurs pour la plupart de Yarrow, où huit sont encore en construction.

69 torpilleurs.	24 de 1re classe :	Ko-taka 86.		de 190 tonneaux
		Kari, Kususagi Yamadori, Tsubame Monadjura —	130	»
		— — — — — (de Schichau) — — —		
		— de (Schichau)	128	»
		— — — —	120	»
		— — —		
	23 de 2e classe :	— — — — — —	90	»
		— — — — — — 5	83	»
		— — — — — —	80	»
		— — — —		
		— (de Normand)	75	»
	25 de 2e classe.	21 de 56 tonneaux, 4 de 40 —	lancés en 99	

Le Japon, on le voit, conserve toutes ses faveurs à l'arme qui lui valut ses premiers succès.

Outre ses 72 torpilleurs, il en a 25 en construction, (9 de 1re, 12 de 2e et 4 de 3e classe).

***

En outre, la flotte de guerre compte un assez grand nombre d'anciennes unités utiles aux services, ou de navires construits spécialement.

VIEUX CROISEURS-TRANSPORTS						
Hi-Hey, Kongo	77	en bois	2248	90 cent.	13	2^{170} 6^{152}
Kai-Mon	82	»	1358	0	12	1^{170} 6^{152}
Katsuragi, Musahi, Yamato	85	(fer et bois)	1476	0	13	2^{170} 5^{120}
Ten Ryu	83	B	1547	0	12	1^{170} 6^{120}
Sumida	77	B	2810	0	10	id.
Amagi	77	B	1030	0	11.5	id.
Kuang-Yi	90	B	1000	0	17.5	id.
Tsukuba	51	B	1978	0	8	6^{120}
Jingei	76	B	1450	0	12	
TRANSPORTS.						
Osaka-Maru	1900	A	2800	20	20	2^{150} 6^{120} 12^{47}
Nagasaki-Maru	1801	»	2500	20	20	id.
TRANSPORT DE TORPILLEURS.						
Tohyohasti	1900	A	6750	0	20	6 torpill. vedet. de 12 tonn.

RÉPARTITION.

Commandant en chef : vice-amiral TOGO.

	Division	Navire	Type
Escadre principale	1re division : contre-amiral Dewa.	Chitose	croiseur IIe classe.
		Kasagi	id.
		Takasago	id.
		Yoshino	id.
	à dater du 14 avril	Kassaga	croiseur cuirassé.
		Niishin	id.
	2e division : contre-amiral Kamimura.	Asama	croiseur cuirassé.
		Tokiwa	id.
		Iwate	id.
		Yakumo	id.
		Asama	id.
		Adzuma	id.
	3e division : contre-amiral Hashiba.	Hatsuse	cuirassé.
		Mikasa	id.
		Asahi	id.
		Shikishima	id.
		Yashima	id.
		Fuji-Yama	id.
	... division : contre-amiral Uriyu.	Tchiyoda	croiseur IIe classe.
		Naniwa	id.
		Niitaka	id.
		Akaski	id.
		Takachyo	id.
		Suma	id.
		+ Asama (le 7 février)	
	... division : contre-amiral Yamamoto.	Hashidate	garde-côtes.
		Itsikishima	id.
		Matsushima	id.
		Sai-Yen	id.
			id.
			id.
	... division : contre-amiral Kataoka.	Myako	(aviso)
		Akagi, Chokai	(canonn.)
	... division : contre-amiral Togo II.	Kaimon	(aviso)
		Maya.	(canonn.)

Les torpilleurs et contre-torpilleurs étaient groupés en 14 escadrilles numérotées.

III. — La Guerre Maritime

PORT-ARTHUR ET VLADIVOSTOCK

PORT-ARTHUR ET SON ESCADRE

(Février-Mars-Avril)

Préparatifs : l'état de siège [1].

Après la bataille du 9 février, Port-Arthur entra dans une période de fièvre contrastant avec l'apathie précédente.

Les « bouches inutiles » ont causé du trouble : on les évacue en masse, en même temps qu'on facilite la sortie des étrangers et des Chinois ; — la ville débordait d'espions : on leur fait une chasse enragée ; — elle regorgeait de femmes et de cabarets : on expulse les premières, on ferme les seconds, et l'état de siège est aussitôt proclamé.

Un ordre du jour énergique de l'amiral Starck rappelle aux officiers que le souci de leurs devoirs doit l'emporter sur les critiques qu'ils croiraient pouvoir émettre contre leurs supérieurs.

* * *

Approvisionnements.

D'autre part, les approvisionnements sont complétés en

[1] Sources : Lettres de Port-Arthur, de divers correspondants, principalement L. Naudeau du *Journal*.

hâte et ne cesseront d'être accrus par l'arrivage de trains de chemin de fer d'un côté, de jonques de l'autre.

***

Les Mines : Perte de l'Iénisei.

Enfin, pour éviter une surprise contre laquelle les 20,000 hommes de la garnison pourraient ne pas suffire, toutes les baies de la péninsule du Liao-Tong où quelque débarquement serait possible, sont mises en défense au moyen de mines sous-marines à percuteurs automatiques retenues simplement par un poids d'ancrage (soit par préférence pour ce système cependant aléatoire et dangereux, soit faute de temps pour établir un système plus sûr de mines dormantes manœuvrées de la terre au moyen d'un fil électrique).

On commença par la baie de Talien-Wan, pour couvrir ainsi le point de débarquement de 1894.

Le 11 février, cette opération coûtait à la Russie l'« *Iénisei* »[1] petit transport que l'on y employait, avec presque tout l'équipage (le capitaine Stefanoff, 3 officiers et 92 hommes périrent). L'accident arriva, d'après les quelques survivants, en voulant relever et replacer une mine que le mauvais temps avait entraînée hors de la ligne ; mais à ce moment il avait presque fini sa tâche, près de 400 mines sur plusieurs lignes barraient la baie principale et les petites baies adjacentes, et jusqu'à *la mi-juin*, nous verrons ces fidèles gardiennes empêcher tout accès des transports japonais dans leur baie favorite.

Puis, le 14 février, le croiseur de troisième classe Boyarin coulait à son tour en essayant d'achever. Pas de pertes en hommes heureusement, le navire ayant coulé fort près de la côte, à demi échoué sur des rochers.

Dès lors, les Russes se serviront de jonques chinoises ou de chaloupes canonnières pour ce dangereux travail.

[1] Officiel du 14 février.

***

Les Japonais firent au début grand mystère de leur base navale ; on crut d'abord qu'au mépris de la neutralité, l'Angleterre leur accordait l'accès de Weï-Haï-Weï, mais elle le démentit énergiquement, et la vérité ne tarda pas à percer : d'emblée, l'amiral Togo s'était établi dans Haï-Yang-Tao, la plus grande des îles Blondes, qui possède une magnifique rade fermée de deux kilomètres de côté et de l'eau douce, et fut occupée à partir du 29 février par une brigade de la 6e division. Préparatifs japonais.

C'est là qu'il faisait de l'eau, du charbon, reposait son escadre ; c'est de là qu'il repartait pour une nouvelle attaque, qui le plus souvent, comme on le remarqua bientôt, coïncidait avec un important débarquement sur terre.

Par la suite, le reste de l'archipel Elliott fut également occupé, et c'est dans ces îles qu'on réunit les jonques nécessaires pour opérer des débarquements sur les côtes ensablées du Liao-Tong, dont les transports étaient écartés par leur fort tirant d'eau.

***

L'attaque de vive force ayant visiblement réussi fort mal à l'escadre japonaise, l'amiral Togo semble revenir à son procédé primitif. Attaque du 13-14 février.

Dans la nuit du 13 février, à la faveur d'une épouvantable tourmente de neige, une flottille de contre-torpilleurs se dirigea sur Port-Arthur, mais de toute la nuit ne parvint pas à y entrer. « A 3 heures du matin, l'Asagiti parvint » à sa destination sous le feu violent de l'ennemi et, après » avoir détruit un navire éclaireur, regagna la flottille sain » et sauf. Un second, l'Hayatori, s'approcha de l'entrée du » port vers 5 heures. Il découvrit deux navires de guerre russes » contre un desquels il lança une torpille sous le feu de

» l'ennemi. Ayant acquis la preuve *qu'elle avait fait explosion*, » il regagna la flottille sans avarie [1]. »

Il n'y a jamais eu de dépêche officielle russe sur cette affaire. Quant au navire touché (?), la flotte n'en avait que deux du type « Éclaireur d'escadre » : le Novik que nous verrons reparaître en ligne, et le Boyarin coulé ce jour-là, mais à *Talien-Wan* où les Japonais le retrouveront en juin [2].

On a cherché quelque temps à expliquer cela par l'allégation que le navire détruit était le Kazan de la flotte volontaire [3]; mais comme on sait combien les torpilleurs manœuvrent mal, et combien les torpilles ont peu de justesse par gros temps, il est beaucoup plus simple d'admettre qu'ils n'ont rien atteint du tout.

Il y a cependant à Port-Arthur un navire dont on ne parle jamais, bien qu'il soit très propre à remplir le rôle de sentinelle-sacrifiée : c'est la vieille Zabiaca, en fer et *bois ;* peut-être était-ce elle la victime cherchée, et les Russes auront-ils jugé que sa perte ne valait pas un télégramme ?

En tout cas, cette tentative coûtait cher : au moins 33 hommes blessés, soit la moitié des équipages des deux torpilleurs engagés [4].

***

Tentative d'embouteillage. (24 février).

Cette opération constituait un hors-d'œuvre, ou, si l'on veut, une suite de la première affaire. Nous allons en venir à la période définitive. Les Nippons voyant la flotte de Port-Arthur conserver 5 cuirassés et 3 protégés intacts, menace

[1] Citation textuelle du rapport Togo du 18 février.

[2] A Tokio, on prétendait que le navire coulé était le Boyarin.

[3] De Port-Arthur à l'Agence Reuter, « un incendie sans gravité se serait déclaré à bord du Kazan. »

[4] Chefou au *New-York Herald*, 17 février : « Une *jonque portant 33 japo-» nais atteints* pendant l'engagement du 13-14 février *est arrivée ici* hier. » On dit que d'autres blessés ont été recueillis par des jonques chinoises » mais on en ignore le nombre. »

perpétuelle pour les débarquements, et ne voulant plus, d'autre part, risquer une attaque de vive force qui pouvait être coûteuse comme celle du 9, avaient résolu d'imiter les Américains à Santiago de Cuba, et d'*embouteiller* la flotte russe. Quatre navires de commerce de 3000 tonneaux environ, chargés de poudre, de cérosine et de calcium [1] en boîtes furent acheminés sur le goulet dans la nuit du 24, précédés et encadrés de torpilleurs.

Les équipages avaient été formés de volontaires pris dans toute la flotte : 2000 hommes s'étaient offerts, certains inscrivant même leurs demandes avec leur sang [2]. On ne prit que le nécessaire, en y comprenant un assez grand nombre de cadets de marine.

Les brûlots devaient, sans riposter au feu, s'engager à toute vitesse dans le goulet et s'y ancrer. Un système électrique assurait alors leur inflammation. Les torpilleurs, eux, devaient partie recueillir les équipages, partie profiter du trouble des Russes pour attaquer leur escadre dans le port même.

Mais ils avaient compté sans le Retvisan, échoué précisément à droite de l'entrée. A 3 heures moins 5, le Retvisan, averti par ses guetteurs, commença le feu et le poursuivit près d'une heure appuyé bientôt par les batteries de côte. A 3 heures 10, un premier brûlot prit feu (le Hokoku Maru) et s'échoua au pied du phare. Un second (Buchumaru), déjà ancré, se faisait sauter lui-même très en dehors du goulet, au pied du Golden Hill.

[1] Rapport Alexeieff du 11 mars.

[2] Rapport Togo du 29 février. (Extrait seul publié.)

Nous ne citons que pour mémoire la dépêche communiquée le 25 février par la Légation japonaise. « Tokio, jeudi. De bonne heure, dans la » *matinée du 24 février*, quatre vieux vaisseaux escortés par *quatre* torpil- » leurs se sont portés sur Port-Arthur pour bloquer le port. *L'objet que* » *l'on se proposait en coulant ces navires a été atteint* (?!) Quoique nous » n'ayons aucune nouvelle directe de la flotte par l'amiral Togo, il n'y » a pas de doute qu'elle ne soit saine et sauve.

Et dès le lendemain un rapport *provisoire* de l'amiral Kamimura, tout en n'avouant encore aucune perte constatait déjà *que le but de barrer la passe n'a pas été atteint complètement.*

La canonnade enragée du Retvisan et de la côte tenait en respect les torpilleurs qui, au lever du jour, s'enfuyaient au nombre de HUIT [1].

Les Russes apercevaient alors au large deux autres brûlots (Tientsin Maru et Buyomaru), échoués sur des rochers ; la carcasse d'un grand torpilleur coulé se voyait sur la laisse de mer au pied de la « Queue du Tigre. » Un des brûlots ne put être éteint et brûla huit jours ; sur les autres, on trouva d'excellentes cartes, plans et tout un système de fils électriques d'inflammation.

C'était donc un échec complet, mais tout faisait prévoir que les Nippons voudraient s'en rendre compte. En effet, le lendemain, 25 février, cinq torpilleurs et la division légère japonaise apparurent, mais hors de portée. L'amiral Starck fit alors sortir, à 8 heures, une flottille de torpilleurs, le Bayan, l'Askold et le Novik et les navires ennemis disparurent. On renonça à les poursuivre, sauf deux torpilleurs, Bestrachny et Vunchitelny qui furent envoyés en observation « parce que la rade était encore alors couverte d'objets » flottants provenant des brûlots et que l'on craignait que » parmi tout cela il n'y eût quelques mines [2]. »

A 9 heures, les forts annoncèrent que les deux torpilleurs revenaient en suivant la côte de la péninsule et que toute l'escadre ennemie approchait avec huit torpilleurs seulement.

Jusqu'à 10 h. 50, elle se tint hors de portée des forts, échangeant quelques coups de canon avec le Bayan, mais alors elle se rapprocha et tira durant 15 minutes sur les forts qui répondirent vigoureusement, et sur la ville.

En même temps, la division légère s'efforçait de couper la retraite aux deux torpilleurs : le Bestrachny échappa et,

[1] Officiel russe du 24 publié 26 février. L'information de la Légation japonaise du 25 février dit 4, mais tout le reste de la dépêche étant faux....

Aucun autre rapport japonais ne cita de chiffres.

[2] Citation de l'*Officiel* (Alexeieff) du 24 février.

fort avarié, réussit quand même à se glisser dans la rade. Le Vunchitelny cerné revint en arrière à la baie du Pigeon où il fit côte et s'échoua. Leur mission remplie, les croiseurs russes rentrèrent.

De son côté, la flotte japonaise ne tint que 22 minutes [1] devant le feu des forts et se retira.

***

La journée coûtait aux Russes le Vunchitelny et des avaries au Bestrachny. Quant aux Japonais, à les en croire, leur flotte... en superbe santé, les hommes des brulôts, tous sauvés, leurs torpilleurs, tous intacts. En réalité, ils perdaient au moins un torpilleur : celui dont la carcasse ornait la « Queue du Tigre, » le Chikalja (?)

Quant aux équipages des brûlots, ceux coulés au large furent sauvés, semble-t-il, mais de ceux des Jingun Maru et Bushu Maru, il ne revint que 18 hommes qui débarquèrent à Chefou le 26 février, après un voyage de 2 jours en canots, sans nourriture, 2 hommes avaient été tués pendant l'action, 2 périrent en route et, selon eux, il n'y avait aucune nouvelle des 30 hommes l'Hokoku Maru (le plus avancé) [2].

On ramassait 7 cadavres de marins japonais à Tchefou, 50 à Weï-Haï-Weï [3].

Le 27 février, une jonque rencontrait dans le détroit 16 navires japonais « dont deux visiblement endommagés étaient conduits en remorque [4]. »

[1] La version japonaise dit même 15 (officiel *provisoire* de l'amiral Kamimura, 27 février), mais nous prenons le chiffre de la dépêche Pflueg du 26 février.

Noter que le rapport *définitif* de l'amiral *Togo ne fut pas publié*. On n'en donna que l'extrait concernant les engagements volontaires.

[2] *Times*, 28.

[3] *Daily Telegraph*, 21.

[4] *New York Herald*, 27.

Et, fait concordant, le 28 février, deux navires avariés rentraient à Saseho [1].

***

Bombardement du 10 mars [2].

Cette affaire, qui démontrait la vitalité de l'escadre russe, devait donner à réfléchir, d'autant plus que le dimanche 28 arrivait pour remplacer l'amiral Starck, jugé faible ou tout au moins négligent, l'amiral Makaroff, qui, comme marin et comme inventeur, s'était acquis une célébrité de bon aloi dans la marine russe, et comme croyant sincère était l'objet d'une dévotion respectueuse de la part des équipages.

C'est sous son impulsion que s'activent aussitôt les travaux des navires avariés, et sa dernière invention aura sans doute été ce trait génial de couler des navires marchands aux côtés du Retvisan pour renflouer le tout ensemble, soulevant ainsi la masse du cuirassé.

Il trouve la rade déjà défendue par des mines, contrairement à ses principes à lui, mais se borne à y faire laisser un chenal libre, car il compte sortir, beaucoup sortir, pour troubler les débarquements ennemis.

Aussi dès le 9 mars, à 11 heures du soir, la flotte japonaise est là, les batteries tirent à la partie extrême ; mais une tempête éclatant elle s'éloigne. L'amiral Makaroff envoie 6 torpilleurs, pour la suivre et l'observer, sous le commandement du capitaine de vaisseau Matuszewich. A 4 heures 1/2 du matin, cette escadrille rencontre au sud de Liao-ti-han, une escadrille de contre-torpilleurs japonais qui l'attaque.

Le gros de la flotte japonaise étant visible à l'horizon, cinq des torpilleurs russes se replièrent après un combat

[1] *Daily Mail*, 1er mars (et autres journaux anglais).

[2] Sources : Rapport officiel du 10 mars. Rapport Alexeïeff du 10 mars soir. Rapport Makaroff (complémentaire) du 11 mars. Rapport Togo du 11 mars. Rapport Togo (complémentaire) du 13 mars. Rapport Togo (complémentaire) du 14 mars. Récit des blessés japonais ramenés à Saseho le 15 mars.

en retraite de 30 minutes où se distinguèrent les destroyers japonais : Kasumi, Asashio et Akatzuki. Ce dernier eut une explosion de chaudière qui tua 4 hommes, et un autre fut coulé par une torpille du « Klastny ». Les Japonais avouèrent 13 tués, 2 officiers et 6 hommes blessés. Les machines d'un torpilleur russe sautaient aussi et sur les cinq unités les Russes avaient 22 hommes hors de combat.

Cependant, comme le combat finissait, le « Steregoutschny » retardé dans sa marche arrivait seulement du large et tombait en plein dans l'escadrille japonaise. Il se défendit désespérément, entraînant ses poursuivants jusqu'à portée des forts.

L'amiral Makaroff hisse alors son pavillon à bord du Novik et se lance suivi du Bayan ; mais tout est fini quand il arrive et, comme toute la première division japonaise approche, il n'a que le temps de rentrer au port.

Le Steregoutschny avait été pris à l'abordage, par le contre-torpilleur japonais Sazanami, alors que, complètement désemparé, il ne manœuvrait plus. « Dix prisonniers dont » deux blessés qui s'étaient jetés à la mer ont été recueillis. » A bord on ne trouva que des cadavres. Tous les survi- » vants semblent s'être jetés à la mer pour ne pas être pris. » Nous avons essayé de les repêcher, mais nous avons été » obligés de les abandonner, car le feu des forts continuait » et le Novik approchait de nous en ce moment. »

Quant au commandant (lieutenant Sergulieff) il semble, d'après un récit japonais non officiel [1], que, resté le dernier à bord, il fut tué dans un combat à l'arme blanche par un contremaître du Sazanami monté le premier à l'abordage.

L'épave du Steregoutschny prise d'abord en remorque coula vers 10 heures.

***

Pendant ce temps, l'escadre japonaise entre en ligne : La

[1] Récit des blessés japonais arrivés à Sasebo le 14 mars.

première division (croiseurs protégés) recueille l'escadrille des torpilleurs et croise devant la rade, le plus souvent hors de portée.

Unie par la télégraphie sans fil, elle sert de poste d'observation à la 3e (cuirassés) qui, de derrière le mont Liao-ti-Chan (457 m.) qui la dérobe aux vues des forts, bombarde la ville et le port par tir indirect à 15 kilomètres.

Ce bombardement dura 4 heures, mais on n'y pouvait employer que les 24 pièces de 305 millimètres, et il se réduisit à 154 coups au total.

Il fut efficace contre la ville neuve : de nombreuses maisons furent détruites ainsi que la Banque ; 6 soldats, 4 européens (dont 3 femmes) et une quinzaine de chinois tués. Mais comme il manquait là l'élément essentiel de réussite d'un bombardement (population dense et impressionnable), cela ne pouvait avoir aucun résultat décisif.

Du côté du port, des résultats sérieux étaient presque impossibles car il est couvert de près par des collines que la trajectoire fort tendue des 305 millimètres devait fatalement rencontrer. Or, c'était, semble-t-il, l'objectif principal, et il ne fut pas atteint.

Enfin, la 2e division, à la même heure, bombarda de loin, à cause des mines, les environs de Dalny, déjà évacué par les civils, et détruisit les bâtiments de la quarantaine dans l'île San-Shan-tao [1]. Fait d'armes qui ne rapporta qu'une protestation de la Russie aux puissances pour violation de la convention de Genève.

***

A 1 h. 15, le bombardement cessait et la flotte japonaise se retirait au large.

[1] « L'ambassadeur de France à Tokio a protesté à la demande de » la Russie contre le bombardement de Nan-Shan-tao où sont installés » les bâtiments de quarantaine et où les projectiles ont fait, paraît-il, » des victimes parmi les malades. » *Temps* du 20.

Le rapport officiel russe complémentaire du 11 porte : « Un obus de la batterie 15 a gravement endommagé un » navire japonais. »

Il s'agit évidemment d'un des croiseurs protégés de la 1re division, seuls visibles. Mais on a nommé le Takasago, erronément sans doute, car le rapport Togo du 12 l'indique comme ayant fait ce jour-là dans la baie du Pigeon une reconnaissance qui ne « rencontra pas l'ennemi. »

***

Bombardement des 21-22 mars[1].

Le 21 mars à minuit, deux torpilleurs s'approchèrent de la rade, mais furent repoussés par le feu des canonnières « Otvajny » et « Bobr » qui étaient de garde. Une nouvelle tentative à 4 heures du matin, le 22, n'eut pas plus de succès bien que faite par 3 destroyers.

A 6 heures 1/2, la flotte entière apparaît : 18 navires avec 8 torpilleurs. Les cuirassés s'arrêtent, derrière Liao-ti-Chan encore une fois et commencent un nouveau bombardement indirect.

Mais l'escadre russe sort à la rencontre de l'adversaire, empêchant cette fois toute observation, puis tire elle-même indirectement au dessus de Liao-ti-Chan.

« Beaucoup de projectiles tombèrent près du Fuji, mais » les navires n'eurent aucun dommage » (Togo). « A 10 heu- » res un obus atteignit un cuirassé japonais qui s'éloigna. » (Makaroff.) »

Bref, à 11 heures, les navires japonais cessant le feu se rallièrent, défilèrent hors de portée devant la rade et disparurent.

Le bombardement avait duré 3 heures, il comporta 208 obus de 305mm environ et, faute d'observation sans doute, ne donna aucun résultat ; 108 coups, soit plus de 50 %, n'étaient pas même tombés dans l'enceinte de la ville.

[1] Alexeieff du 22. Togo du 22.

***

Tentative d'embouteillage du 27 mars[1].

Le 27 mars à 2 heures du matin, 4 navires marchands escortés de 6 torpilleurs furent reçus à coups de canon par le Bobr et l'Otvajny.

Craignant qu'ils ne réussissent quand même à passer, le lieutenant Kriznicki, commandant le torpilleur de garde Silniy, se précipita sur eux et torpilla le navire de tête (Chuyo Maru) qui, frappé à tribord au centre, sombra à pic à 800 mètres du Golden-Hill ; le second (le Yichico) s'ancra à côté de l'épave et se fit sauter. De même le troisième (Fucin-Maru).

Seul le Yoneyama-Maru conserva bien la direction du goulet, mais fut torpillé avant d'atteindre l'endroit où la passe se rétrécit.

La tentative avait donc encore échoué, comme le constate d'ailleurs l'amiral Togo dans sa dépêche du 27 mars. La passe restait libre.

Cependant, le Silniy luttait contre les 6 torpilleurs ennemis ; il eut une avarie de machine et fit côte au pied du Golden-Hill, perdant 8 tués et 13 blessés, soit près des deux tiers de son effectif ; les torpilleurs japonais furent cependant empêchés de recueillir les survivants des navires coulés, par le feu du Bobr et de l'Otvajny, et au point du jour par l'arrivée de plusieurs contre-torpilleurs russes. L' « Aotaka » et le « Tsubame » durent s'ouvrir passage à coups de canon pour regagner le large.

L'escadre japonaise apparut à 8 heures, mais en même temps l'escadre russe sortait et se rangeait dans la rade extérieure. Le feu s'engage entre les deux escadres, et bientôt les batteries de la presqu'île du Tigre s'y mêlent ; mais on était hors de portée et la canonnade cesse presqu'aussitôt, l'es-

[1] 1re, 2e, 3e rapports Makaroff du 27. Rapport Togo du 28, publié le 30 par le *Daily Mail*.

cadre japonaise continuant sa route sitôt après avoir recueilli ses torpilleurs.

S'il est exact que les Japonais sauvèrent tout l'équipage des brûlots, hors les morts, et qu'ils n'aient réellement perdu que 13 tués et 11 blessés, les pertes sont sensiblement égales [1].

Parmi les morts japonais, on citait le lieutenant de vaisseau Hirose, commandant du « Yoneyama » qui, déjà dans le canot qui devait le sauver, s'aperçut qu'il avait oublié son épée sur son brulôt en flammes, retourna et périt dans l'explosion finale. On n'en retrouva que la tête qui fut enterrée solennellement à Tokio.

***

Combat du 13 Perte du Petropavlovsk et mort de Makaroff.

Mais le temps marchait : aux débarquements à Chemulpo, en succédaient à Chinampo (mars), à Yonghampo (avril), et les prochains devaient être plus rapprochés encore de cette escadre si gênante de Port-Arthur. Il fallait à tout prix en finir.

Et justement, comme pour mieux en faire ressortir l'urgence, cette escadre galvanisée par Makaroff commençait, malgré son faible effectif, à s'aventurer au dehors.

Dès le 29 mars, une escadre mixte allait jusqu'en vue des îles Blondes pour reconnaître la base d'opérations japonaises.

Les jours suivants, 9 navires restaient au large, les forts faisant des exercices d'appréciation de distance et des expériences de tir d'après leurs observations.

Le 1er avril, on signale une escadre russe au nord-est de Tchefou. Le 3 avril, on inaugure par un tir d'essai quatre

[1] Shanghai au *Dailly Telegraph*. Le 31 février, un torpilleur et un contre-torpilleur sont arrivés à Saseho. Le premier avait l'avant détérioré ; le second, par suite d'explosion de machine, avait dû être remorqué tout le voyage. Il y avait à bord d'un transport une cinquantaine de blessés.

nouvelles batteries, dont une de 305^{mm}, destinées à empêcher le retour des bombardements de derrière le Liao-ti-Chan et, voyant les unes le sud de la péninsule, les autres la baie du Pigeon, toutes à une hauteur inaccessible au tir des vaisseaux (457 mètres).

Le 8 avril, le yacht du *Times* est arrêté par le Bayan à *70 kilomètres* du port.

Auparavant, le 27 mars, les Russes avaient coulé près des îles Miao-Tao une caboteur japonais le Han-Yei.

Le plan d'une *huitième* attaque, qu'on espérait décisive, fut donc arrêté, et dans la nuit du 12 avril, deux flottilles de destroyers et une de torpilleurs, avec un transport de torpilles, le Koryo-Maru, garnirent de mines à poids d'ancrage la région où, les 10 et 27 mars, l'on avait pu voir la flotte russe défiler pour se porter en ligne, et qui constituait certainement le chenal ménagé par les Russes au milieu de leur système de mines.

On ne fait aucune mention de combat à l'occasion de cette pose de mines, bien que 15 à 18 navires y aient participé, d'après le rapport Togo [1] — bien que 4 torpilleurs russes aient croisé sans cesse en rade pendant cette nuit — bien que Makaroff lui-même, à bord de la Diana, ait veillé personnellement jusqu'à 4 heures du matin [2] ayant dans l'idée, comme il le disait quelques jours avant, « que les fêtes de » Pâques ne seraient pas tranquilles [3]. »

Il est vrai que la nuit fut nuageuse et qu'il plut à torrents, mais il demeure incompréhensible que, de tant de navires, aucun n'ait été découvert par les projecteurs.

[1] Texte communiqué par la Légation japonaise le 17 du rapport Togo du 15.

[2] Grand rapport Alexeieff du 21.

[3] Lettre à la *Novoïe Vremia* du 10.

Cependant, d'après une version anglaise [1], le transport de torpilles Koryo-Maru entra seul, les torpilleurs restant au large, ce qui devient plus plausible.

***

Il s'agissait maintenant d'attirer l'escadre russe au dehors. Le hasard servit les Japonais [2]. Le 12, huit torpilleurs russes étaient sortis en reconnaissance vers Dalny. Pendant l'horrible nuit du 12 au 13, trois s'égarèrent ; deux rentrèrent à l'aube, mais le « Straschny, » rencontrant quatre torpilleurs japonais, les prit dans l'obscurité pour amis et navigua de conserve avec eux. Aux premières lueurs du jour il fut, en quelques minutes, reconnu, attaqué et coulé.

Le Bayan, qui se trouvait dans la rade extérieure, vint au secours des torpilleurs, mais ne put recueillir que cinq hommes ; d'après leur récit, tous les officiers et la majeure partie des marins avaient péri dans le combat même.

Cependant, de crainte que la flotte russe ne sortît pas, la division légère japonaise (c.-am[l] Dewa : Chitose, Kasagi, Takasago, Yoshino, Kassaga, Niishin) canonnait le Bayan. La ruse réussit, et une première division russe, comprenant les croiseurs Novik, Askold, Diana, les cuirassés Petropavlovsk (pavillon de Makaroff) et Poltava, avec cinq torpilleurs, rejoignit le Bayan et se lança sur les traces de Dewa. Étant sortis en file, ils évitèrent, cette fois, les mines ; mais, à 8 heures 40, comme ils étaient à 15 milles du port, la division cuirassée (c.-am[l] Hashiba : Fuji-Yama, Shikishima, Mikaza, Asahi, Hatsuse), apparut, le brouillard étant levé tout proche de la division russe. Les six navires se replièrent en toute hâte vers le port, échappant, de cette façon, à l'écrasement qui les menaçait. La flotte japonaise

[1] *Times*, de son steamer Haimun, 17, au large de Waï-Haï-Weï.

[2] Sources : Les deux rapports officiels. Version officieuse *Havas* de Tokio. Dépêche au *Times* de son steamer Haimun.

suivit à toute vitesse. Dans la rade, se rangeaient le Pobieda, le Sébastopol et le Peresviet, avec des contre-torpilleurs. La partie, sans doute, allait enfin se jouer à forces presqu'égales..... quand une terrible catastrophe se produisit. Comme la division russe, en retraite, allait prendre, par une évolution, sa place en bataille à la gauche de la deuxième division (Uchtomski), le Petropavlovsk, qui formait sa droite et, par conséquent, le centre de l'ensemble, fut secoué par une explosion sur le flanc droit. Presqu'aussitôt une seconde, formidable celle-là, retentit : les soutes qui sautaient, sans doute, car on vit s'élever une colonne de fumée jaune et verte : les mâts, passerelles, cheminées s'abattirent et le navire s'inclina brusquement à tribord.

Deux minutes après, tout entouré de flammes, il plongeait de l'avant, l'hélice battant l'air, et coulait (10 heures 30).

Il semble qu'une grande confusion s'ensuivit : l'amiral prince Ouchtomsky, auquel le commandement revenait, se borna visiblement à faire une retraite précipitée, qui ne sauva rien, les mines étant en arrière : dans ce mouvement, le Pobieda fut, à son tour, frappé d'une mine à tribord, mais, aucun organe essentiel n'étant atteint, il put gagner le port, grâce à ses cloisons étanches, et s'y échouer.

Cependant, le Poltava, qui avait stoppé spontanément, l'Askold et le contre-torpilleur Gaïdamak restaient, nullement menacés, sur le lieu du sinistre, mais la catastrophe avait été trop foudroyante : ils ne purent recueillir que 80 hommes dont 7 officiers. Seul de l'état-major personnel de l'amiral Makaroff, le grand-duc Cyrille était sauvé. En ce qui concerne l'amiral lui-même, d'après le grand-duc, il était sur la passerelle et fut écrasé par la chute d'une cheminée, au moment où il ôtait son manteau pour se jeter à la mer. Comme ce récit diffère de celui du capitaine Yacoleff, commandant le navire, qui fut sauvé, bien que grièvement blessé, on peut ne l'accepter que sous réserves, bien qu'il émane d'un officier plus rapproché de l'amiral par ses fonctions.

Au large, hors portée, la flotte japonaise observait mais n'attaqua pas. A 1 heure, elle s'éloignait et disparaissait à 3 heures. Seules, les nouvelles batteries de Liao-ti-Chan l'avaient eue à portée, le temps de lui envoyer quelques obus.

***

Les pertes de cette journée, presque nulles pour le Japon (deux hommes, à bord du contre-torpilleur Ikazuchi), étaient cruelles pour la Russie. La perte d'un cuirassé, de second ordre, il est vrai, et la grave avarie d'un second réduisaient leur division de ligne à 4 navires, le Retvisan et le Cesarevich étant toujours en réparation.

On prétendit aussi que le Poltava, réparé de sa blessure du 9 février, aurait reçu ce 13 avril une avarie par collision, mais aucun rapport officiel de part ni d'autre n'en fait mention.

Ils perdaient aussi 557 hommes, surtout le chef le meilleur peut-être, et certainement le plus aimé de leur flotte.

Pour comble de malheur, il semble que, faute de confiance dans les chefs présents : l'amiral Witgheft, le contre-amiral prince Ouchtomsky, l'on ait, par ordre, attendu l'amiral Alexeïeff, — appelé par le Tzar au commandement intérimaire, — dans une attitude par trop passive [1].

Puis, ignorant encore le placement des mines japonaises, dans la nuit du 12-13 avril, les Russes se trouvaient dans une incertitude pire que leurs pertes matérielles. Étaient-ce leurs propres mines qu'il fallait accuser ? Était-ce un sous-marin ? Ils en étaient à douter de tout, à croire la rade minée de toutes parts [2].

[1] Voir les rapports confus de l'amiral Ouchtomsky des 13 et 14. Il faut recourir au rapport Alexeïeff du 21 pour voir un peu clair.

[2] Les journaux du monde entier discutèrent passionnément la question « sous-marins » pendant 8 jours.

Une commission à Port-Arthur fut chargée de déterminer les causes de la catastrophe. Son enquête n'aboutit que le 28 avril. Elle conclut à une mine posée et à l'explosion consécutive des soutes.

Enfin les Japonais appuyèrent leur succès les jours suivants, pour ne pas leur laisser le temps de se remettre.

***

Bombardement des 14 et 15 avril.

Le 14 avril, les torpilleurs envoyés vers la rade extérieure, la trouvèrent vide (3 heures du matin). — A 7 heures, la division légère Dewa venant à son tour ne parvint plus à attirer les Russes au dehors. A 9 heures, les Kassaga et Niishin bombardèrent le Liao-ti-Chan, faisant taire, dit-on, deux de ses batteries, peut-être encore insuffisamment protégées. Ils se retirèrent à 11 heures 1/2, rejoignirent la flotte à 1 heure 1/2 [1]. Les batteries russes n'avaient pas même riposté, [2].

Le 15 avril [3], l'escadre entière composée de 15 navires, revint bombarder la place : la rade intérieure était visée surtout. Dans ce but, le Kassaga et le Niishin placés à la baie du Pigeon refirent leur tir indirect de la veille, facilité par l'angle plus ouvert de leurs canons. Mais, cette fois, il y avait un chef dans la place ; l'amiral Alexeïeff était arrivé dans la nuit. Les forts, les batteries de côte et même les cuirassés à l'ancre, y compris le malheureux Pobieda, ripostèrent dès 9 heures 1/4 et, vers 11 heures 1/2, leur feu repoussait la flotte japonaise au large « avec de légères avaries qui ont pu être » réparées depuis [4]. »

Cent quatre vingt-cinq obus avaient été tirés, partie sur la ville, partie sur les forts.

Il y avait 5 soldats et 12 Chinois tués.

[1] Togo du 15. Texte communiqué par la Légation japonaise le 17.

[2] *Times*, de son steamer Haimun.

[3] Togo 16. Alexeieff 15.

[4] Citation de Togo 16, publiée le 17 ; c'était le rapport provisoire. Aucun document de source privée n'ayant paru sur ce point, il faut se contenter de cette affirmation.

***

Embouteillage partiel du 3 mai [1].

Cette situation menaçait de s'éterniser, et les Japonais employèrent la fin d'avril à préparer un grand coup.

Non plus 4 mais 8 navires d'environ 3000 tonnes, furent lestés cette fois de pierres noyées dans du ciment et disposés pour pouvoir être coulés en quelques instants. Dans la nuit du 2 mai, on les dirigea contre le port sous l'escorte imposante des canonnières « Akagi » et « Chokaï », des 2e, 3e, 4e flottilles de contre-torpilleurs, des 9e, 10e, 14e de torpilleurs.

Le vent soufflait en tempête du sud-est et l'expédition était complètement désunie à 11 heures, quand le capitaine de vaisseau Hayuschi qui la commandait signala l'abandon de l'opération ; mais ses signaux répétés jusqu'à 2 heures du matin ne furent pas aperçus par tous, et les navires continuèrent isolément.

A 1 heure 3/4, les canonnières russes de garde Bobr, Otvajny et Giuliak, ouvraient le feu sur la 14e flottille de torpilleurs entrée dans la rade et la dispersèrent. Le torpilleur 67 eut une explosion de machine, mais le 70 le remorqua sous le feu.

Ce début de combat fit croire aux officiers des navires et des autres flottilles que l'action avait lieu quand même ; le « Mikawa-Maru » suivi du « Totomi-Maru, » se dirigea vers le goulet : il fut coulé loin du but ; mais le Totomi, lui, pénétra jusqu'au centre et, s'ancrant en bonne place, se fit sauter. En conséquence de ce succès inattendu, à 2 heures 25 l'action fut continuée.

[1] Sources : Rapport Togo provisoire du 5 : « Le goulet est barré » pour les grands navires, les petites embarcations peuvent seules le » franchir, nous n'avons pas perdu de vaisseaux, mais l'attaque a coûté » beaucoup de vies. »

Idem définitif du 7, publié le 8. Rapport du 3 (publié le 5) de l'amiral Alexeieff.

Les 5 autres flottilles et les 6 brûlots restants se portèrent rapidement en avant, malgré la canonnade ininterrompue des forts et des canonnières, et malgré la tempête qui continuait à faire rage. Le contre-torpilleur Aotaka y perdit sa machine, crevée d'un obus, le torpilleur Hayabousa fut gravement touché. Deux autres furent coulés [1], l'un par la batterie n° 2, l'autre par une torpille du torpilleur « Bojevoï, » qui recueillit l'équipage ou du moins la partie de celui-ci qui voulut bien se rendre.

Des brûlots, l'Otarou et le Sakami touchèrent des mines flottantes et coulèrent au large. Le Yedo-Maru venait d'atteindre l'évasement de l'entrée, quand son commandant Sakayanuzi fut tué, le lieutenant fit jeter l'ancre et couler où l'on était. L'*Asagao*, criblé d'obus, coula au pied du Golden-Hill. Le *Takama* n'allait pas même jusque-là et s'échouait sur le rocher Lutin.

Mais un encore, le « *Makokoi-Maru,* » réussissait à passer et couler derrière le Totomi, prolongeant ainsi le resserrement de la passe.

Le feu se prolongea contre les torpilleurs en retraite, jusqu'à 4 heures du matin. A cause de cela et de la tempête, ils ne purent recueillir *aucun* homme des 4 brûlots les plus avancés.

A 6 heures, revenus sous la protection de l'escadre entière, ils se livrèrent encore à des recherches, mais c'est en vain qu'on les prolongea jusqu'à 4 heures, on ne trouva rien, et l'amiral Togo donne comme bilan : 11 tués, dont 1 officier, 20 blessés, dont 5 officiers, 88 disparus, dont 14 officiers, 45 sauvés, dont 9 officiers.

[1] Contraire aux deux rapports Togo. Le rapport russe du 3 parle seulement de 2 navires « remorqués. » Mais *Daily Telegraph* du 5, *Daily Chronicle* du 5 publient des dépêches de Tokio l'affirmant.

Enfin une dépêche Alexeieff du 6 mai publiée par l'Agence Russe le 10 l'affirme à nouveau.

Les Russes avaient pris 30 hommes, dont 2 officiers.

Mais cette fois les grandes unités de l'escadre russe étaient bien immobilisées et, de fait, nous ne les verrons plus sortir jusqu'en juin. Seuls les torpilleurs et certains des croiseurs pouvaient passer en contournant les épaves.

Il était temps ! La 2e armée qui, sur ses transports, n'attendait que cela, débarquait le surlendemain à Pitzevo.

La veille, l'amiral Alexeieff, pour ne pas être bloqué, cédait le commandement de la flotte au vice-amiral Witgheft et rejoignait Moukden.

Le siège mixte allait commencer.

VLADIVOSTOCK

Plus sûr et mieux pourvu que Port-Arthur, Vladivostock eût constitué pour les Russes une excellente base navale. Mais ses deux passes gèlent de la mi-octobre à la mi-mars. Au début de février, la glace avait encore deux pieds (66 centimètres d'épaisseur). D'ailleurs, les grands débarquements devaient avoir lieu sur la côte ouest de la Corée.

Pour toutes ces raisons, les Japonais se contentèrent d'établir une division navale dans le détroit de Corée, la composant de leurs moins bons navires, et de faire croiser des torpilleurs et des canonnières sur la côte orientale de la Corée.

Il y avait cependant, à Vladivostock, une division peu nombreuse, mais fort redoutable par son armement, sa vitesse, son grand rayon d'action, son homogénéité, et des brise-glaces ou plutôt écrase-glaces, du type Yermak, pouvaient lui rendre la liberté.

Au moment de la guerre, son chef, le contre-amiral Stackelberg, malade, dut rentrer en Europe, et le commandement passa au capitaine de vaisseau Reitzenstein.

***

Le 14 février, l'escadre quitta Vladivostock par un chenal ouvert au moyen de brise-glaces [1]. Le 15, elle longe la côte de Yezo, menaçant Hakodaté, dont le bombardement fut aussitôt annoncé, à tort semble-t-il. Elle s'engagea dans le détroit de Tsugaru, mais ne le traversa pas, se bornant à couler le Nadjouri-Maru (41 prisonniers).

Mais le gros temps l'empêcha de rester près de la côte, et elle fit route, le 15, vers Chestakow (baie Schim-po) en fuyant devant la tempête. Dans cette traversée, elle ne marchait qu'à 5 nœuds ; il y avait 9 degrés de froid, les

[1] Rapport Reitzenstein du 17, publié le 19.

navires étaient couverts de glace et embarquaient sans cesse des paquets de mer. C'était la seconde tempête qu'elle subissait en trois jours.

Il semble qu'elle ne rentra pas à ce moment, car le 18 on la signala au nord de l'île Oki, dans le détroit de Corée ; le 22, plus près de son port d'attache, en vue de l'île Okushiri (près Yezo). Elle rentra, en effet, le 23 février.

Somme toute, cette expédition avait eu bien peu de résultats matériels, mais elle prouvait qu'il fallait compter avec cette escadre, et comme précisément à ce moment les Japonais voulaient faire une démonstration sur la baie Plaksin et Possiet, et faire croire à d'importants débarquements dans cette région, la deuxième division navale fut envoyée rejoindre la division d'observation du détroit de Corée.

Le 24 février, on signalait à Vladivostock l'apparition de dix navires au sud de l'île Askold. Ils disparurent le soir à l'horizon [1].

Le 6 mars, à 8 heures 50, on vit cinq croiseurs cuirassés, dont l'Adzuma et le Yakumo et deux protégés. Arrivés à 1 1/2 h. en face des baies Patrocle et Sobol, à 8 1/2 kilomètres de la côte, ces navires ouvrirent un feu nourri contre les forts et les batteries. Celles-ci ne ripostèrent pas, craignant de dévoiler très inutilement leur position, vu la distance [2].

Le bombardement dura 55 minutes ; 200 obus environ. La plupart n'éclatèrent pas. Ceux dirigés sur les forts Souwaroff et Linevich n'y causèrent pas de dégâts ; ceux qui tombèrent en ville blessèrent cinq matelots dans la caserne des équipages, tuèrent une femme et quelques chinois. Un autre tombait sur la maison d'un colonel, dont la femme eut la présence d'esprit d'emporter le drapeau déposé chez lui.

Le lendemain 7, à 8 heures, l'escadre réapparut à la

[1] Dépêche Pflueg du 28.

[2] Rapports Alexeïeff du 6 et du 7, complémentaire du 8. Dépêche de Vladivostock à l'Agence Russe, 7 mars. Communication du département de la marine japonaise du 9.

même place, mais s'éloigna sans tirer. En effet, son premier essai n'avait rien d'encourageant : la population, prévenue d'ailleurs d'avance par le général Voronetz, et réduite, depuis quelque temps, par la pénurie de vivres (l'Amour et l'Oussouri étant gelés), à ceux qui ne pouvaient absolument quitter, ne broncha pas.

Il semble que l'intention des Japonais était de rencontrer la flotte russe, de se mettre entre elle et Vladivostock et de la détruire. Du moins, étant donné que les journaux anglais (*Daily Telegraph* et autres) annonçaient la chose comme faite dès le 4, on peut croire que leurs informateurs nippons avaient pris, une fois de plus, leurs désirs pour la réalité.

Si leur but était bien celui-là, ils le manquèrent complètement, soit que l'escadre russe, rentrée le 23 février, n'ait pas bougé de son mouillage, où les obus japonais ne pouvaient l'atteindre, soit que, ressortie le 5 mars [1], elle fût déjà le 6 loin de l'endroit où les Japonais la guettaient.

En tout cas, le rapport Kamimura du 8 mars, publié le 11 [2], constate que les deux jours l'escadre russe resta invisible, qu'il la chercha, le 8, à la baie Possiet, et n'ayant encore rien vu, se retira.

La deuxième division était d'ailleurs nécessaire pour le grand bombardement du 10 mars à Port-Arthur, auquel elle ne put participer qu'en donnant toute sa vitesse.

***

De ce moment, et pendant un mois, il semble que, toute aux opérations contre Port-Arthur, la flotte japonaise négligea Vladivostock. L'escadre russe ne paraît pas avoir abusé de cette négligence, bien qu'à la fin de mars les glaces aient disparu.

[1] *Times* du 6.

[2] Rapport du contre-amiral Kamimura du 8, donné par la Légation japonaise le 11.

Elle sortit souvent, mais pour protéger sans doute la pose de mines dans plusieurs baies abordables du nord de la Corée, notamment dans la baie de Possiet, où leur première victime fut une baleine, qui, torpillée, vint s'échouer à la côte.

Le 9 avril, le contre-amiral Jessen prenait le commandement, et faisait une sortie d'essai du 9 au 10, sans rencontrer l'ennemi.

Puis, de nouveau, l'on n'entend plus parler de l'escadre, sans doute gardée à vue par une division japonaise.

***

Attaque de Gensan : Perte du « Kiushiu Maru »[1].

Enfin, le 23 avril, l'escadre partit tout entière (sauf le Rurik, qui dut revenir presque de suite) pour la côte nord-est de la Corée. Le 25, elle était en vue de Gensan et s'arrêtait à 5 milles, envoyant deux torpilleurs. Ceux-ci ne trouvèrent en rade que le caboteur japonais Goyo-Maru, de 500 tonneaux, qu'ils coulèrent après avoir pris ses papiers. Quatre torpilleurs japonais avaient précisément quitté la rade le matin.

Dans la nuit du 26 avril, l'escadre prit la mer et fit 300 milles en 22 heures, coulant encore un caboteur japonais, dont elle prit l'équipage à bord, et à 11 heures elle arrêta, à 12 milles de la baie Plaksin, le *Kiushiu-Maru*, de 6000 tonneaux, qui, ne pouvant croire à la présence des Russes, avait fait le signal de salut. Le Rossya l'accosta et enjoignit aux officiers de monter à son bord, ce qu'ils firent. Mais, pendant ce temps, l'équipage et les soldats transportés se précipitaient dans les canots pour s'enfuir (presque tous rattrapés bientôt, d'ailleurs), si bien que le détachement de prise, envoyé à bord, n'y vit d'abord personne. Mais bientôt il découvrit, dans une cabine, six officiers, qui se ren-

[1] Sources : Rapport russe du 29. Dépêche Havas de Tokio du 29. Communiqué de la Légation japonaise de Londres du 30.

dirent, et dans la cale 130 fantassins, qui refusèrent obstinément de se rendre et, repoussant le détachement, montèrent sur le pont d'où ils commencèrent à tirer sur le Rossya. Des matelots furent blessés. Le Rossya, s'éloignant alors, coula le navire d'une torpille au centre ; pendant qu'il coulait, des Japonais continuaient à tirer. Quelques-uns se suicidèrent à la vieille mode des samouraïs, s'ouvrant le ventre à coups de baïonnette (1 heure 30).

Trois canots, portant 45 soldats et 9 marins, furent tout ce qui put échapper ; les Russes avaient fait 210 prisonniers. Les Japonais ayant avoué en outre comme *morts connus* : 5 officiers, 2 employés et 73 hommes, *rien que de l'armée*, cela fait justice de l'affirmation, contenue dans le communiqué du 30 avril de la Légation japonaise à Londres : « que le transport ne contenait que *la neuvième compagnie du 37me d'infanterie au* PIED DE PAIX » (!).

D'ailleurs, le tonnage seul du navire indique qu'il pouvait porter au maximum 1200 hommes, certainement la moitié, et l'on fait encore la part belle en y comptant une centaine de coolies. Il y avait donc sur le navire *au moins deux compagnies au pied de guerre*, ce que confirme encore le nombre des officiers.

***

Dès le 25 avril, la division Kamimura fut envoyée pour combattre la division russe et le 26 avril, elle la croisa même dans le brouillard sans l'apercevoir. Mais le 27 avril au soir l'escadre russe rentrait sans avarie et, le 28 avril, la division japonaise arrivée devant Vladivostock ne put que reconnaître sa présence. Forte de 10 croiseurs et 6 torpilleurs, elle resta hors de portée près de l'île Askold et se retira le soir sans engager le feu. Il le fallait bien ; encore une fois, elle n'avait que le temps de retourner à toute vitesse à Port-Arthur pour la suprême attaque du 3 mai.

IV. — Période de Préparation sur terre

(Février - Mars - Avril)

Trois mois durant, les adversaires ne firent que masser leurs forces en essayant de se tromper réciproquement sur leurs desseins et ne firent rien autre, bien que des nouvellistes impatients aient bien souvent annoncé des batailles quand le temps leur semblait trop long.

C'est cette période qu'il nous faut analyser, sans hâte car elle eut la plus grande influence sur la suite des événements.

***

a) Concentration russe.

Les Russes avaient en temps de paix :

Région de Vladivostock ou du Ier Corps	1re brig. de chasseurs	à Nikolsk d'Oussouri (1 rég. à Grodekawa)
	2e id.	à Vladivostock
	6e id.	à Nikolsk, Vladivostock
	8e id.	à Khabarovsk (1 rég. à Blagovestchensk)
	Drag. d'Oussouri (Primorsk)	à Spassk
	Cosaq. id.	à Nikolskoïë
	Cosaq. d'Amour n° 1.	id.
	1re brig. d'art.	à Nikolskoïë (1re batt. à cheval à Spassk)
	1er génie, 1er-2e chem. de fer	à Nikolskoïë, Khabarovsk, Vladivostock
	2 bat. art. place	à Vladivostock
	En outre :	
	62e brig. du Xe Corps	à Houn-tchoun
	70e brig. du XVIIe Corps	à Spassk

Région		Unités	Emplacements
Région de Mandchourie ou du **IIe Corps**		4e brig. de chasseurs	à Moukden, Kai-Yuen, Liao-Yang, Haitcheng
		5e id.	à Girin, Kharbin, Ningouat, Tsitsikar
	Cosaques	Nertchinsk n° 1	à Moukden
		Argoun n° 1	à Liao-Yang
		Tchita n° 1	à Tchang-Tchoun
		Omsk n° 1	à Kharbin
		Semipalatinsk n° 1	à Buchatu
		Amour n° 2	à Ningouta
		Batteries	à Tchangtchoun, Kharbin, Liao-Yang, Buchatu.
		2e gén. 1re-2e-3e-4e chem. d. f.	à Kharbin
Région de Kwantoum ou du **IIIe Corps**		3e brig. de chasseurs	à Talien-Wan
		7e id.	à Port-Arthur
		Cos. de Verkne Udinsk	
		2e brig. d'art.	à Kintcheou
		2 bat. art. place	à Port-Arthur
			id.

En outre, la 9e brigade achevait de se former à Kharbin.

***

Buts. Pour être bonne, la concentration russe devait répondre à deux fins d'importance inégale. D'abord, comme ils auraient au début une supériorité égale à tout ce dont ils pourraient disposer sans compromettre les places et les étapes, il fallait *au moins essayer d'en profiter*.

Ensuite, comme cette supériorité diminuée, chaque jour, d'une somme équivalente aux débarquements ennemis, disparaîtrait dans un temps donné (deux mois, croyait-on alors, il en fallut 3), il fallait se procurer *le temps et l'espace nécessaires pour attendre* que les renforts venus de Russie donnassent l'égalité puis une supériorité cette fois écrasante.

Quelle fut la solution ?

Les Russes jugèrent pouvoir disposer sans compromettre rien, de 4 brigades d'infanterie, 2 de cavalerie immédiatement, de la 9e brigade en outre à bref délai.

Mais ils n'en pouvaient user pleinement :

1° Parce que les premiers débarquements ennemis eurent lieu dans le sud de la Corée, si loin qu'il eût fallu, pour s'y opposer, descendre trop et s'exposer à être coupé dès le mois suivant par les débarquements que le dégel permettrait plus au nord.

2° Parce que presque tout le disponible (3 brigades) était à Vladivostock, n'ayant le choix, pour se porter en Corée, qu'entre les routes du Nord de ce pays, meurtrières l'hiver, et le chemin de fer dont elles eussent encombré la voie au préjudice des renforts.

Déjà résolus à tout sacrifier à leur second et principal but, les Russes se résignèrent facilement à voir les Japonais s'établir en Corée; mais il restait à s'établir dans la région montagneuse du Nord, à disputer pied à pied aux Japonais ce terrain si propice à la défensive.

Ainsi l'on empêcherait le pays de tomber d'emblée, comme un fruit mûr, aux mains du Japon, on conservait son prestige aux yeux des Coréens.

***

On n'avait cru pouvoir retirer d'emblée de *Mandchourie* et *Kwantoum* qu'une brigade. La 3e brigade fut choisie on ne sait pourquoi; elle partit de Talien-Wan, les 7, 8, 11, 12 février pour Liao-Yang (d'où elle détache le 11e chasseurs à Newchwang jusqu'au 22 février), et enfin pour le Yalou à la fin de février. Exécution

Ce choix amène un mouvement général Nord-Sud. La 4e brigade vient de Liao-Yang, remplacer la 3e brigade. La 5e brigade venant de Kharbin, la remplace elle-même à Liao-Yang et Newchwang.

Les régiments de cavalerie et la batterie de Moukden-Liao-Yang, formant la brigade Mitchenko, sont envoyés au Yalou et remplacés par la brigade de cavalerie de Tchang-Tchoun.

Pour les forces de *Vladivostock* on prit un moyen terme :

la 6e brigade fut classée au 2e corps et dut partir par la route des montagnes à travers la Corée du Nord. Les 1re et 2e brigades durent être transportées sur la section inutilisée du chemin de fer Vladivostock-Kharbin. Là, le 1er corps se concentrerait, recevrait ses renforts et descendrait ensuite au Sud par étapes.

Vladivostock était réoccupé par la 8e brigade et Nikolsk par la 72e brigade.

Seules donc, de toute l'armée, la septième brigade était restée immobile à Port-Arthur, et, semble-t-il, la 62e à Houn-Tchoun.

***

Résultat. De tout cela serait résulté, même si tout s'était accompli selon ce plan, une organisation passablement boiteuse.

Le seul corps d'armée resté compact : le premier (Sakharow) demeurait provisoirement hors de ligne. Le deuxième (Zassoulitch) n'existait pas : sa cinquième division était à la frontière de Chine, la sixième attendue de la Corée du Nord, la neuvième en formation. Le troisième (Stoessel) avait bien deux divisions, réunies dans le Kwantoum (quatrième et septième), mais sa troisième était détachée sur le Yalou avec la deuxième brigade de cavalerie, *y constituant la seule force immédiatement disponible.*

C'est à ce résultat piteux : 8 bataillons et 12 escadrons, 3 batteries, qu'on aboutit sur le point le plus immédiatement menacé.

De plus, cette situation, qui devait être provisoire, devint définitive. En effet :

La sixième brigade fut bien mise en route de suite, car une avant-garde est signalée à Kapsan dès le 15 février. Mais les affreuses routes coréennes, ou bien la démonstration japonaise à Plaksin (29 février - 4 mars) firent sans doute ajourner le départ du gros, car on n'en entend plus parler jusqu'à mars. Le 4 mars, des forces russes passent le Toumen [1] et dès lors leurs étapes nous sont décrites : le 17 mars, enfin une forte colonne d'infanterie est signalée sur la route de la côte (beaucoup meilleure) à Kildjou, tandis que la cavalerie ayant pris encore la route des montagnes est à Kapsan [2]. Le 30 mars, les colonnes sont respectivement à Pouk-Tcheng et au lac Taggi [3], le 5 avril, la cavalerie est à Ounsan [4]. La jonction est alors faite ou près de se faire. Mais elle ne peut plus avoir d'effet en Corée.

Quant à la 9ᵉ brigade, le général Zassoulich ne la vit jamais. En effet, à partir du 16 février, « des bruits de » débarquement à *Newchwang* n'ont cessé de courir dans » cette ville [5], » tout inféodée aux Anglais. Ces rumeurs sont reprises et précisées par les dépêches des journaux anglais et américains, copiées dans le monde entier.

Le 3 mars, 6 croiseurs escortant 10 transports doublent ostensiblement le péninsule du Liao-Tong, allant vers le Nord-Ouest [6].

Le 6 mars, des navires japonais éclairent la côte de leurs projecteurs près de Sioung-Jo-Chan [7]. Le 19 mars, douze navires japonais paraissent devant Newchwang [8].

En même temps, les bruits les plus alarmants courent sur l'attitude de la Chine, et il faut convenir qu'elle y prête : officiellement elle avise la Russie de son intention de renforcer les troupes de Mandchourie de 3,500 hommes à Tsin-Chou-Fou « pour maintenir sa neutralité ; » en réalité, elle appelle plus de 25,000 hommes de tout le pays, notamment les bonnes troupes du Hou-Pé, en plein centre de l'empire.

[1] *Times* du 6.
[2] *New York Herald* 19 (de Séoul.)
[3] Pétersbourg au *Temps*.
[4] Pétersbourg au *Matin*.
[5] Extrait rapport Pflueg du 15 février.
[6] *New York Herald*, 5 mars.
[7] Dépêche Gilinski au Tsar du 8 mars.
[8] *Daily Mail*, 21 mars.

Elle en confie le commandement au général Ma, connu pour ses sentiments xénophobes, des instructeurs japonais s'y trouvent plus ou moins bien dissimulés.

Elle se montre d'une faiblesse extrême envers les Kounkouzes, leur permettant de se réfugier sur le territoire neutralisé, laissant les bandes s'y grossir de déserteurs et, du moins on l'a prétendu, en armant même de nouvelles de fusils européens et de mousquetons Browning.

Dès lors, il n'y a plus à balancer ; il faut, ne fût-ce qu'au point de vue du prestige envers la Chine, garder Newchwang à tout prix, et le 12 mars, la 5e division tout entière y est réunie, les 10-14 mars, il y arrive des canons de 120mm, on y construit des batteries. En même temps, la 9e division tout entière remplace à la frontière de Chine les unités de la 5e division qui sont parties. Le 18 mars, le général Linevich, nommé commandant des troupes réunies dans cette région vient visiter Newchwang [1].

Enfin, le 22 mars, la débâcle des glaces, tant redoutée, se produit ! Deux jours avant, les consuls d'Angleterre et des États-Unis ont renvoyé les femmes et les enfants de leurs nationaux, comme si les plus grandes catastrophes menaçaient.

Et le mois de mars passe, puis celui d'avril, et il ne se produisit rien parce que rien ne devait se produire et que cette opération, impossible avant le 22 mars, absurde après, n'avait jamais été qu'une feinte pour obliger les Russes à disséminer leur monde.

***

Cette situation perdura jusqu'au mois de mai. En effet, les premières troupes arrivées furent les divisions de cosaques Rennenkampf et Simonoff. La première marchant par étapes

[1] Les nouvelles de Newchang étant toujours parvenues librement, on déborde de renseignements sur tout ce qui s'y est passé.

n'entra en Corée par Mao-eur-Chan, qu'à la fin d'avril, la seconde était encore envoyée sur l'encombrante frontière de Chine. Le reste ne comprenait que des unités isolées destinées aux corps existants et qu'il fallut leur faire parvenir, Dieu sait au prix de quelles marches, alors qu'ils étaient déjà dans leurs positions de concentration [1].

En mai commencent enfin à parvenir là-bas les éléments du 4e corps (divisions de réserve de Sibérie), permettant au 1er corps complété de descendre à Liao-Yang fin avril. Mais déjà la période préparatoire sera close par la bataille de Kia-lien-Tze.

***

b) Concentration japonaise.

Elle eut lieu par armées ou plutôt par série de divisions restant toutes formées comme en paix et selon le plan que nous avons étudié au chapitre II. Il est inutile d'y revenir ; il suffit de dire que l'adversaire ne pouvant y apporter aucun obstacle sérieux, le plan se développa tel qu'il avait été conçu, sauf peut-être quant aux délais prévus qui, semble-t-il, durent être allongés.

Cependant tout avait été fait pour les réduire au minimum : chaque convoi de transports avait avec lui des bateaux pontés munis des bois nécessaires, pour qu'ils pussent constituer par leur réunion, une fois ancrés, un appontement de la longueur nécessaire pour débarquer hommes et choses sans transbordement. Avec chaque corps de troupes débarquaient ses coolies, ses vivres pour une longue période, ses fourrures et ses vêtements d'été, etc., etc. [2].

Ces débarquements ont fait l'admiration des Anglais, gens d'expérience en la matière, et, l'on peut ici les croire sur parole.

Sur terre, cela marcha moins bien : il fallut pendant des

[1] Ainsi 5000 hommes représentant sans doute les renforts attendus par la 6e brigade n'arrivent à Kia-lien-Tze que le 7 avril. *Éclair* du 8.
[2] Plusieurs lettres au *Temps*, au *Times*, au *New York Herald*.

kilomètres quelquefois *refaire* la chaussée coréenne au moyen de madriers recouverts de terre, bâtir des ponts, atteler jusqu'à 5 chevaux aux canons *de montagne* pour les tirer des fondrières, surtout il fallut transporter tout le matériel à dos d'hommes, les chevaux comme les voitures étant un luxe en Corée comme au Japon [1].

Mais on surmonta tout cela, car au 1er mai, la 1re armée bien établie sur le Yalou le passait victorieusement.

***

2° Premiers contacts.
a) En Corée.

La cavalerie de Mitchenko entra seulement en Corée le 14 février, après s'être assurée, par une reconnaissance du colonel Pavloff, le 12 février, qu'aucun japonais n'avait paru sur le Yalou. Le 18 février, elle est à Sien-Tchien, ayant reconnu 53 kilomètres de pays, et le même jour ses pointes d'avant-garde enlèvent à *Koaksan*, une pointe d'officier japonaise, le commandant Tatsugiro et 5 gendarmes [2].

Huit jours après à Andjou et Kasan, où Mitchenko a son quartier-général. Derrière lui, de l'infanterie montée, qu'on évalue à 2,000 hommes [3], occupe les passes de montagne, et de l'infanterie commence à s'établir sur la rive droite du Yalou, d'Antoung à Tatong-Kou.

Le 2 mars enfin, une patrouille arrive à 15 kilomètres de Ping-Yang, y passe la nuit et au matin manque encore d'enlever une pointe d'officier japonaise. Mais celle-ci se réfugie dans la ville d'où part un feu très vif. Les Coréens disent que la ville est occupée par 6,000 Japonais venant de Séoul [4].

C'était exact : la brigade d'avant-garde Sasaka de la 12e division était à Ping-Yang, depuis quelques jours limi-

[1] *Times* par l'Haimun, 24 mars : La route Chinampo-Ping-Yang presqu'entièrement refaite. Une armée de 3 divisions est presque complète.
[2] Tous ces mouvements sont constatés par les dépêches officielles.
[3] *Daily Chronicle* et *Standard*.
[4] *Officiel* du 4 mars.

tant ainsi les courses des cosaques, mais elle ne continua sa marche que le 18 mars, après l'arrivée du général Inouyé avec le gros et alors que la fonte des glaces permettait des débarquements à Chinampo [1]. Dans l'intervalle, les cosaques et la cavalerie japonaise sont en contact continuel sur les rives du fleuve Tchin-Tcheng-Kang et des escarmouches ont lieu à Souk-Tchien, le 8 et à 5 verstes au sud d'Andjou, le 17 février.

C'était le cas ou jamais de faire payer leur avance aux Japonais, mais il eût fallu pour cela être sûr soi-même de ne pas se laisser dépasser et tourner. Or, le 17 février, nous savons que la 6e brigade, qui devait couvrir la gauche n'est qu'à Kildjou, que la 9e brigade, qui devait couvrir la droite et servir en même temps de réserve est à Newchwang et n'en bougera pas.

On ne pouvait donc disposer d'un seul homme de la 3e brigade qui, tenant la ligne Tatoung-Kou—Antoung—Kia-Lien-Tze, couvrait la ligne de retraite de Mitchenko, et lui seul avec 3,000 hommes montés et une batterie ne pouvait espérer tenir en respect une division entière, bientôt deux.

Et la retraite continue donc : on abandonne Andjou et le défilé si facile à défendre du Bon-Sio-San devant 3,000 Japonais d'avant-garde, le 22 février, — le lit encaissé et difficile du Pak-Tchien-Kang, le 23 février, toujours sans autres combats que des rencontres de patrouilles [2].

Pour accélérer cette retraite sans doute, les Japonais dirigent une colonne sur Yen-Pieng, 19 février, sans doute la brigade détachée de la 6e division et une partie de la 12e division, et s'établissent du 20 au 22 février sur la ligne Kasan-Andjou [3].

[1] Lettre de Ping-Yang au *New York Herald*, 18, publié le 20 avril.

[2] Mouvements constatés par rapports officiels. Nous faisons grâce des rencontres de patrouilles, chevaux pris ou tués, etc.

[3] Rapport Mitchenko du 22, publié le 23. Trois escadrons en face de Patchien, 18, deux à Yen-Pieng le 19. Kasan occupé dans la nuit du 19.

C'est alors que, sans motif stratégique appréciable, simplement peut-être pour qu'il ne soit pas dit qu'on quittait la Corée sans combattre, Mitchenko envoya, le 27 février, le régiment d'Argunskaja, colonel Kramostonow contre la ville de *Tyeng-Tjiou* [1], où 4 escadrons japonais étaient signalés.

Lui-même accompagnait l'expédition forte de 6 sotnias. A 10 heures 1/2, on ouvrit le feu sur eux de la ville. Deux sotnias mirent pied à terre sur un monticule à 500 mètres de la ville, mais malgré leur feu, deux compagnies et un escadron qui s'y trouvaient tinrent bravement ; ce n'est qu'après un combat d'une demi-heure, qu'ils cessaient le feu et se cachaient dans les maisons. Le drapeau de la Croix rouge était arboré en deux endroits. A 11 heures, arriva de Kasan un régiment japonais de trois escadrons, deux parvinrent à entrer en ville perdant quelques hommes, mais le troisième recula dans un grand désordre sous les salves.

Une heure encore l'on tira de fort près, empêchant les Japonais de sortir pour riposter, mais à midi, quatre compagnies d'infanterie apparurent sur la route de Kasan, et sans les attendre, les cosaques se remirent en selle et partirent. Ils avaient 1 officier et 3 hommes tués, 1 officier et 12 hommes blessés.

Les Japonais avaient 1 officier et 4 hommes tués, 1 officier et 13 hommes blessés, les Russes leur en attribuaient 40 et 100, peut-être un peu généreusement [2]. Dès ce moment, on ne verra plus même d'essais de résistance en Corée. Tous les efforts tendent à recueillir les forces en marche dans la Corée du Nord (6e brigade) et à défendre si possible le Yalou.

[1] Rapport Kouropatkine du 22, publié le 30. Le rapport japonais paru le 31 ne parle pas de la 1re partie du combat : attaque de la ville par les Russes, il ne cite que la 2e : attaque de la colline par la colonne mixte venue de Kasan. De cette façon les Japonais semblent avoir eu l'offensive.

[2] Cette évaluation exagérée n'est pas dans le rapport officiel. Celui-ci ne parle pas de pertes japonaises. Elle figure dans une dépêche Reuter de Pétersbourg.

Dans ce but, la cavalerie de Mitchenko disparaît à partir des premiers jours d'avril : nous la retrouverons observant la côte de Mandchourie entre les embouchures du Yalou et du Tayang-ho.

Devant les Japonais, il n'y a plus que le vide, tandis que, sur le Yalou, la 3e brigade détache quelques troupes à Piek-Tong, pour tendre la main à la 6e brigade, arrivant de Kang-Kyei [1].

La jonction faite, les derniers Russes restés en Corée repassent le Yalou, et le Gouvernement Japonais peut déclarer officiellement, le 10 avril, qu'il n'y a plus de troupes russes en Corée [2].

***

b) Opérations dans le Nord-Est.

Elles se bornèrent aux marches de la 6e brigade déjà vues, et au débarquement de Plaksin.

Celui-ci, annoncé à grand fracas [3] par les feuilles anglaises, dès le 20 février, comme s'étant produit à *Possiet-Bay*, beaucoup plus au Nord, et menaçant Kharbin (??), se borna réellement au débarquement, le 29 février, de 2,500 hommes sans artillerie par trois transports, à Syeng-Tsin, au fond de la *baie Plaksin* [4].

Ces troupes se dirigèrent par des sentiers de montagne à travers les défilés du Tchyang-Paik-San sur Mousan, dans la vallée du Toumen. Mais elles trouvèrent les défilés bloqués par les

[1] *Daily Mail*, 30. « Les Russes fortifient Kang-Kyei, pour faire face au mouvement des Japonais par Ounsan (??). » Retenons-en seulement la présence des Russes à Kang-Kyei.

[2] Communiqué japonais du 10.

Daily Telegraph du 10. Il n'y a plus de Russes en Corée, même à l'Est.

[3] *Daily Mail* du 27, donnant récit d'un missionnaire écossais réfugié à Newchwang, confirmé par le *Standard*, le 28.

[4] De Tien-Tsin au *Morning Leader*, 8 mars. Officieuse de Pétersbourg au *Temps*, 8 mars. Dépêche général Pflueg du 2 mars. Id. de Vladivostock du 3, se termine : « Une neige épaisse entrave ses mouvements. »

neiges, et redescendirent le 4 mars à la côte, ramenant 800 hommes malades de fatigue et de froid [1].

Avec ce débarquement coïncidait celui de la 2e division à Gensan, et l'ensemble pouvait faire croire à quelque intention d'offensive au Nord-Est. Mais le détachement de Plaksin ayant été rembarqué et la 2e division ayant quitté Gensan pour Ping-Yang le 12 mars, et franchi la passe de Maïsonrieng pour rejoindre le gros de la Ire armée, toute illusion disparaissait et la période de concentration s'achevait dans cette région sans aucune rencontre.

* * *

e) Opérations en Mandchourie.

Elles se bornèrent uniquement à la chasse acharnée qu'il fallut faire aux espions japonais qui pullulaient et aux Kounkouzes plus remuants que jamais.

Il est vrai que l'enjeu était tentant : quelques kilomètres de rails enlevés, une cartouche de dynamite sous un pont, et les renforts russes se trouvaient arrêtés pour un temps indéterminé !

Les Japonais avaient donc, sur plusieurs points de Mandchourie, des espions souvent d'un grade militaire élevé, déguisés en chinois. Plusieurs y séjournaient sans doute depuis longtemps dans ce but, car ils avaient eu le temps de compléter le déguisement en se laissant pousser une tresse.

Beaucoup sans doute échappèrent, car le Japon semble avoir connu jusqu'aux moindres mouvements des Russes ; mais l'étroite surveillance du chemin de fer fit prendre tous ceux qui s'y attaquèrent.

Trois officiers, parmi lesquels dit-on un colonel d'état-major,

[1] *Temps* de Pétersbourg, 8 mars. « A l'altitude de 1,600 mètres ont été surpris par une tourmente de neige avec avalanches. Un tiers de l'effectif était malade à ce moment. » La dépêche citée plus haut du *Morning Leader* va plus loin ; elle dit « un millier sont morts de froid, de maladie et de faim. »

sont pendus le 20 février aux culées du pont de la Soungari qu'ils avaient tenté de faire sauter.

Le 20 avril, les officiers japonais, Strewo-Yukota et Toiska-Oki sont exécutés encore. Condamnés à être pendus, ils furent fusillés, par commutation. Ils avaient été trouvés sur la ligne pourvus de clefs à déboulonner et de cartouches de dynamite.

***

Quant aux Kounkouzes, le 12 mars, une bande de 180 bandits met à sac la station de Thiё-Ling. Une demi-sotnia la met en fuite lui tuant 88 hommes. Le 3 mars, une bande de 500 bandits attaque les Russes à l'ouest de Haï-Tcheng, elle est repoussée avec de grandes pertes, mais les gardes-frontières ont 20 hommes hors de combat. Le 17 mars, à Oud-jimi, le rittmeister Aksenoff avec 70 hommes en détruit une autre d'une centaine d'hommes [1].

Mais, malgré diverses informations anglaises, il ne semble pas qu'eux non plus aient réussi dans leur projet de détruire la ligne, pendant cette période préparatoire.

***

Le 3 avril, l'avant-garde japonaise atteignait Wijou, évacué par les Russes. Le 7 avril, un détachement occupe Yongampo, où commence, dès le 9 avril, le débarquement des derniers éléments destinés à la Ire armée [2] et notamment de sa brigade de 12 batteries d'obusiers de campagne, que l'on n'avait pas voulu compromettre sur l'horrible route mandarine. Le quartier-général était à Andjou avec la garde [3]. 3° Résultats

[1] Nous ne citons que les trois affaires, constatées par rapports officiels des 14 février, 3 et 20 mars. Les autres, rapportées seulement par des journaux anglais, qui n'en donnent ni la date, ni le lieu, sont sujettes à réserves.

[2] Agence Reuter, de Sanghaï, 22.

[3] Tokio, 5 avril. Wei-Haï-Weï, au *Times*.

Ainsi la Garde suivait à quelques étapes la 12ᵉ division, tandis que la 2ᵉ division, abandonnant brusquement son prétendu objectif dans la Corée du Nord-Est, s'était portée à travers les montagnes sur Seng-chien, Kaitchuen, Yeng-pieng. La première armée était virtuellement réunie.

Mais, pour le cas où elle ne suffirait pas à sa tâche, la première partie de la IIᵉ armée était en mer dès le 9 avril [1], et ses transports attendaient tout chargés aux îles Elliott, à partir du 11 [2], leur destination définitive : Takouchan ou Port-Arthur, selon le degré de résistance qu'offriraient les Russes.

Devant cette réunion de forces, les Russes ne pouvaient douter d'une attaque imminente du Yalou, mais ils ne pouvaient y opposer que les 3ᵉ et 6ᵉ divisions, encore incomplètes en artillerie, semble-t-il, et la cavalerie Mitchenko.

Telles sont les conditions dans lesquelles la campagne allait s'ouvrir.

[1] De Séoul au *Daily Chronicle*, 7 mars. De Rome au *Matin*, via Chefou, 12 : « Il y a aux îles Elliott 25 transports prêts à débarquer. »
[2] *New York Herald*, 9.

V. — Première période de la Guerre terrestre

Opérations combinées de la marine et de l'armée (KIALIENTZE ET KINCHEOU)

A. — Passage du Yalou-Kialientze

Le mois d'avril fut une période particulièrement obscure : ce n'est que longtemps après qu'on parvient à le reconstituer et même bien des points demeurent dans l'ombre, que seule la fin de la guerre éclaircira. Généralités.

Le plus important se résume dans la question principale : Comment et pourquoi les Russes tentèrent-ils l'absurde entreprise de défendre le Yalou, fleuve guéable en grande partie, n'offrant qu'une seule position sur la rive à défendre, nulle sur l'autre, et surtout praticable aux canonnières ennemies ?

Il semble qu'encore ici la volonté presque souveraine à qui l'on attribue (à tort ou bien avec raison) toutes les mesures plus diplomatiques que militaires des Russes, ait pesé de toute son influence pour exiger que la défense eût lieu sur la frontière même, renouvelant ainsi l'erreur commise en France en 1870.

Le seul motif avouable, c'est qu'on espérait éviter ainsi l'impression d'une retraite sur la population chinoise. On eût dû réfléchir en ce cas à la différence qu'il y a entre la retraite volontaire et la retraite forcée.

On eût pu d'ailleurs considérer comme frontières celles que les Chinois eux-mêmes se sont bâties : la barrière de pieux, qui, elle, suit la crête de montagnes faciles à défendre, la droite appuyée aux monts Koulong-Chan avec Feng-hoan-cheng comme place de retraite.

Hors ce motif, la décision des Russes ne s'explique que par une dépréciation excessive de la valeur de l'ennemi, incompréhensible, si l'on considère que Russes et Japonais ont combattu côte à côte en 1900.

Quoi qu'il en soit, cette décision fut longtemps combattue et ne prévalut qu'au tout dernier moment, car toutes les dépêches russes de mars et du commencement d'avril semblent vouloir préparer l'opinion publique à l'abandon du fleuve. De plus, bien qu'on ait aussi, pendant ce temps, annoncé, de source anglaise d'énormes (?) travaux à Antoung, et le long du fleuve, nous verrons les Japonais n'y trouver que la vieille redoute chinoise d'Antoung, des tranchées de campagne, et *aucune pièce de position*.

***

Les reconnaissances

Les Russes s'étaient privés de la cavalerie de Mitchenko ; de leur front, elle était passée sur la droite qu'elle prolongeait, surveillant toute la côte jusqu'à Takouchan. Il ne leur restait ainsi, pour observer les mouvements de l'ennemi et pénétrer ses projets, que les « Okhotniki » [1] (francs-tireurs volontaires d'infanterie), troupes intrépides, mais dont l'effectif et le rayon d'action étaient forcément limités.

Le 5 avril, [2] ils explorent la bourgade de Matoutzeo où

[1] Créés en 1875 par Skobeleff, dans son expédition de Khokand, les Okhotniki sont des fantassins choisis pour leur énergie et spécialement instruits au service d'éclaireurs. En Sibérie, l'on a monté et groupé en « commandos » ceux de chaque régiment.

[2] Dépêche Kachtalinsky du 7. D'après lui, les Japonais eurent 6 morts, les Russes aucun.

déjà se trouve une patrouille de Japonais. Le 8 [1], les Okhotniki du 12ᵉ chasseurs, sous le lieutenant Demidovitch, passent en barque dans l'île Sia-ma-lin-Tao et y surprennent une reconnaissance de 50 hommes qui subit des pertes. Le 9 [2], ils recommencent mais, trahis par des coréens, ils doivent se retirer à la nage : c'est aux chaloupes de l'escadre du contre-amiral Togo II qu'ils avaient eu affaire ; une d'elles trop avancée dans la poursuite est coulée.

Le 12, toujours Demidovich passe sur la rive coréenne. Tombé dans les avant-postes japonais, il est tué, et son détachement se replie perdant 3 hommes [3].

Les 21 et 22 enfin, l'on remarque des préparatifs de pontage très importants à Wijou, mais d'autres aussi à Soukou. En outre, près du Siao-pou-siho, dans la rivière Poma-ho, on réunissait encore des barques, mais les embarcations russes envoyées pour les reconnaître s'ensablent en touchant la rive coréenne et l'expédition perdant son chef, le capitaine d'état-major Zweistein, est presque détruite. Le coulage à coups de canon d'une barque japonaise entraînée par l'ardeur de la poursuite est une faible compensation de ce coup manqué, qui ne donne que des renseignements incomplets et faux [4].

Les 23 et 24, l'activité des Japonais en amont s'accentue : le 23, à 15 verstes aval de Siao-pou-siho, passe un détachement d'un bataillon et un escadron. Le 24, des prépa-

[1] Kouropatkine au Tzar, 12 avril, sur les affaires du 8 et de la nuit du 9. Il n'y a pas de dépêche japonaise sur l'affaire du 8.

[2] Dépêche Togo du 13. D'après lui, les Japonais n'avaient aucune perte, bien qu'il constate que l'affaire dura 1 heure et 20 min. D'après les Russes, l'équipage de la chaloupe coulée périt. D'après le *Times* (dépêche de l'Haimun), le bateau coulé était celui des Russes dont les Japonais s'étaient emparés et où ils avaient mis un détachement. Celui-ci aurait, bien qu'avec peine, regagné sain et sauf les navires.

[3] Dépêche Kouropatkine du 14. Dépêche de Tokio, 14, et rectification du 16. (La dépêche primitive annonçait 22 russes tués. La seconde réduit ce chiffre à 3.)

[4] Dépêche Alexeieff du 22, 3 tués et 17 blessés.

ratifs de pontage sont aperçus, à 20 verstes amont de la même localité.

Des forces ennemies sont signalées plus au Nord encore, à Piektong.

***

Dispositions des Russes.

En présence de ces indices, le général Zassoulich, de Feng-hoan-cheng où il se trouvait, prit les dispositions suivantes : La 3e division restait établie à Kialientze. Elle détachait sur sa droite le 9e chasseurs et 1 batterie vers Antoung.

Les vieilles unités de la 6e division (8 bataillons et 3 batteries) venant de Tchosan où elles étaient encore le 14, furent arrêtées en face de Tchang-Sieng et Siao-Pou-Silio. Seuls le 22e chasseurs et 2 batteries continuèrent, prenant position devant Soukou. Les 4 bataillons et les 2 batteries nouvelles de la division formaient la réserve générale. Venant d'ailleurs de faire un voyage terrible, et arrivées le 7 à Feng-hoan-cheng, après six étapes depuis Haï-Tcheng, ces troupes avaient besoin de repos.

La cavalerie Mitchenko couvrait le flanc droit, le long de la côte. Toutes ces positions étaient couvertes par des retranchements, mais hâtifs, rudimentaires et surtout sans grosse artillerie.

Les postes avancés étaient sur le Hus-chan, promontoire rocheux qui s'avance entre le Yalou et l'Aï-ho, et sur les îles de la côte mandchourienne : Kniteito et Chukobaï. Il y avait deux lignes : l'une suivant à peu près la rive ; une seconde était tracée sur les collines de Makao et Kocheko. Un point de retraite était prévu à Hohmutang, sur le premier contrefort des monts Koulong-chan.

***

Dispositions des Japonais.

Les Japonais étaient parfaitement informés, par leurs espions sans doute (car leurs reconnaissances ne furent pas plus

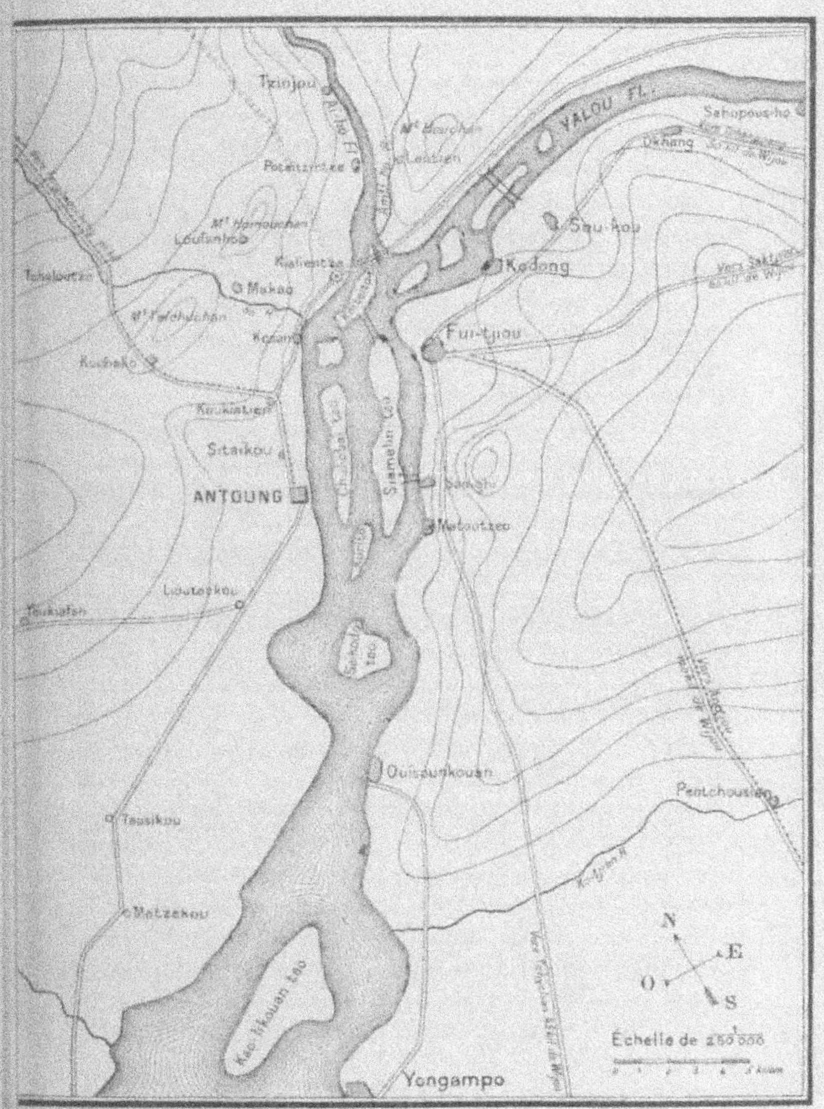

Bassin du Bas Yalou — ⧧ Ponts japonais

« perçantes » que les russes). En effet, les dépêches de Tokio indiquent très exactement ces emplacements et ces travaux.

Certains, dès lors, que les Russes ont l'ineptie d'offrir à leur campagne un brillant début, ils ne négligent rien pour le rendre foudroyant.

Un rideau, que ne pourront percer les reconnaissances russes, est d'abord organisé au moyen des cinq régiments de cavalerie de l'armée, soutenus par des compagnies d'infanterie, tandis que, de son côté, la division navale du contre-amiral Togo II, arrivée le 8, organise un système de rondes en chaloupes.

Derrière ce rideau, dans la troisième semaine d'avril, la Garde arrive d'Andjou à Wijou, suivie de la deuxième division. La douzième, cédant Wijou, remonte au Nord, montrant des troupes jusqu'à Tchang-sieng, tandis que la brigade détachée de l'extrême droite vers Yen-Pieng et Ounsan, vient à Piek-Tong. Ces mouvements ont pour but de faire croire au dessein de passer, avec au moins une partie de l'armée, simplement à gué. En réalité, le gros de la douzième division ne dépasse pas Soukou. Seule la brigade isolée continuera en mai sur Kouan-Jen-Sien. Le 22, l'artillerie de réserve débarquée à Tchyelsan est au complet : une batterie est détachée près de la douzième division à Soukou, le gros est établi au sud de Wijou en épaulements. A Soukou, l'on réunit les moyens locaux de pontage, tandis que du matériel régulier arrive à Wijou par le fleuve, derrière les îles et sous la protection de canonnières. C'est ainsi que l'on tourne la difficulté de promener l'énorme matériel nécessaire sur les routes coréennes. A Siao-pou-si-ho, on réunit des barques seulement, car il ne passera là, le 23, que le détachement destiné à tromper les Russes.

Le passage [1]. Le 24 avril, le général Kuroki donne l'ordre de franchir le fleuve.

[1] Communiqué de l'état-major russe du 1er mai sur les 25, 26, 27, 28. Grand rapport Kuroki du 2 mai.

Le 25, des ponts sont établis sur le bras est, et dans 25.
l'après-midi l'île de Siamalin-Tao est occupée sans opposition.

Le 25, l'avant-garde de la 2e division occupe l'île Kun- 26.
teto, en aval, et celle de la Garde l'île Kurito, en amont de Wijou. On n'y rencontre que des détachements d' « Okhotniki, » mais celui de Kurito (du 11e, lieutenant Sémenoff) oppose une résistance vigoureuse, ne repassant sur la rive droite qu'après avoir perdu son chef et 18 hommes et mis 25 hommes de la Garde japonaise hors de combat.

A minuit, les batteries russes : 8 pièces de 95mm, établies derrière Kialientze, 2 Hotchkiss à Kosan, tirent sur Wijou, blessant un (!) soldat japonais, mais la grande batterie de canons Arisaka de 12 centimètres ne répond pas, ne voulant sans doute pas dévoiler sa position.

Le 27, à 3 heures du matin, les éclaireurs japonais passent 27.
dans les îlots devant Kialientze, échangeant des coups de feu avec l'avant-poste russe de Kosan. L'artillerie russe tire toute la journée sur Kurito et Seikodo, détruisant le pont jeté sur le bras est ; mais des Japonais continuent à traverser au sud de Wijou sur des barges.

A midi, le général Kuroki [1], averti que les Russes fortifient leur gauche sur les bords de l'Aï-ho entre Kialientze et Kocheko, envoie sur la rive droite une reconnaissance formée de 1 bataillon et 1 batterie de la Garde. Cette reconnaissance est durement reçue par les tirailleurs et une batterie placée au sud-est de Kocheko et se replie sans pouvoir mettre son artillerie en batterie. Mais au soir, trois bataillons franchissent encore le bras près de Matoutzeo et s'établissent solidement dans l'île Siamalin où de l'artillerie est mise en batterie.

La journée du 28 se passe en luttes d'artillerie auxquelles 28.
la grande batterie japonaise de 12 centimètres ne prend encore aucune part. Mais dans la nuit, 2 compagnies de la

[1] Grand rapport Kuroki du 2 mai.

Garde japonaise avec une batterie de montagne passent en bateau le bras ouest et s'établissent sur la « tête du Tigre, » promontoire rocheux qui s'avance dans le fleuve. Les îlots de sable de Kntteito et Chukobaï sont en outre occupés ; ils ne sont séparés des positions russes que par un bras guéable.

Le général Kuroki ordonne alors à sa droite (7e division) de franchir le fleuve la première.

29. Au point du jour [1], l'avant-garde de la 12e division (1,500 hommes avec 2 batteries) passe en barges et débusque du Amti-ho, le détachement du lieutenant-colonel Goussew (1 bataillon du 22e chasseurs et une batterie de montagne), ce qui coupe en deux la 6e division, dont la plupart des unités sont en amont. Le mouvement couvert par l'irrésistible feu de 7 batteries dont une de 12 centimètres réussit sans grandes pertes. Un pont est aussitôt construit et la 12e division défilant de 3 heures du matin à 6 heures du soir le 30, prend sa position de combat sur le revers du Hus-chan dont son avant-garde occupe le sommet.

Au centre, les Russes jettent le soir du 29 un détachement sous le lieutenant-colonel Lind sur l'avant-garde japonaise établie la nuit précédente près de Kosan ; le coup de main réussit, et les Japonais redescendent à la rive, laissant 6 morts et 26 blessés, mais une batterie japonaise de 75 placée au nord de Wijou arrête net tout progrès : l'artillerie russe riposte sans grand effet.

30. D'ailleurs le lendemain samedi à 10 heures 40, les Japonais remontent le pont du bras est. L'artillerie russe, qui tente de le détruire encore, est rapidement écrasée par la grande batterie de 12cm du sud de Wijou et les batteries de la Garde établies au Nord. Cependant, grâce à des déplace-

[1] Rapport Alexeieff du 2 mai sur le 29 avril, sur le passage de la deuxième division. Communiqué de l'état-major du 2 mai, sur la reconnaissance Lind.

ments continuels, elle tient bon. Il fallut deux heures aux dix-sept batteries japonaises pour faire taire les quatre batteries russes, mais les pertes de celles-ci étaient énormes : les deux batteries engagées du sixième d'artillerie de Sibérie perdaient leur chef, colonel Meister, tué, un des commandants de batterie (lieutenant-colonel Mallier) et 74 hommes [1].

Cela fait, le tir se prolonge jusqu'à 5 heures du soir contre les tranchées de l'infanterie qui reçoivent près de deux mille obus.

En même temps, l'escadrille du contre-amiral Hosoya remontait le fleuve jusqu'à hauteur d'Antoung, y pourchassant de ses obus le petit corps d'observation russe.

Sous la protection de cette canonnade, un pont est jeté sur le bras central au nord de Wijou. Sitôt achevé (8 h. du soir), la Garde et la deuxième division y défilent, s'établissant dans l'île de sable : Kniteito.

De ce moment, toute la Ire armée n'est plus séparée des positions russes que par des eaux guéables, l'Aï-ho et le bras ouest du Yalou ; à 10 heures, le général Kuroki télégraphiait à l'état-major japonais qu'il avait l'intention d'attaquer à l'aube.

La même nuit, le général Zassoulich télégraphiait à Krastalinsky [2] commandant la troisième division, « *d'accepter le combat en restant sur ses positions.* » Cet ordre inepte, basé sur les insignifiants succès du 28, ne tenant aucun compte des résultats des 29 et 30, a coûté son commandement à son auteur ... n'insistons pas. Mais on peut se demander comment un général, présent sur les lieux, a pu l'accepter à la lettre, sans user le moins du monde de l'initiative qu'a tout chef en présence de circonstances inconnues de ses supérieurs ?

***

Le général Kachtalinsky se prépare donc à faire une résistance acharnée. Le vingt-deuxième chasseurs (deux ba- Bataille du 1er mai

[1] État de pertes du 30 avril. Dépêche Zassoulich, 8 mai.
[2] Rapport Kachtalinsky du 4.

taillons, détachement Goussew), menacé d'être écrasé par la douzième division japonaise, repassa l'Aï-ho et prit position devant les gués de la rivière à Po-Taï-Tzin. Il formait ainsi crochet défensif sur la gauche russe avec la 3e batterie du 6e d'artillerie (8 pièces de montagne) [1].

Au centre, il y avait en première ligne le 12e chasseurs dans les tranchées allant de Kialientze à Kocheko et la 2e batterie (légère) du 6e d'artillerie. En deuxième ligne, le 11e chasseurs et les 2e et 3e batteries du 3e d'artillerie, vers Makao.

La droite était formée du 10e chasseurs à Sindiagu et 9e chasseurs vers Antoung avec les 1re et 4e batteries du 3e d'artillerie.

Aucune troupe japonaise n'était opposée à cette droite, mais en face du centre, la gauche japonaise (2e division) et le centre (Garde) occupaient la langue de sable de 5 kilomètres de long sur quelques centaines de large qui borde la rive mandchoue dont elle n'est séparée que par un canal guéable de 500 mètres. Quatre batteries cachées par des broussailles étaient sur l'île même, 8 batteries de campagne au nord de Wijou, 11 batteries de réserve, celles-ci pour la plupart, sinon toutes, armées de 12cm Arisaka, au sud. La douzième division formait la droite sur le Hus-chan, appuyée de six batteries en grande partie de montagne, il est vrai.

* * *

A 5 heures du matin s'ouvrit contre le centre russe, un bombardement violent et prolongé par vingt-trois batteries

[1] Sources : Grand rapport Kuroki du 21 mai, et complémentaire du 3 mai (par la Légation japonaise à Londres). Dépêche Kouropatkine du 2 mai (publiée le 4). Rapport Zassoulich du 3 mai (publié le 4). Rapport Kachtalinsky du 4 mai (publié le 5). Récit du *Times*, de Tokio, 4 mai (publié le 7). Récit d'un témoin oculaire de Séoul par l'Agence Havas, 8 mai (publié le 10).

japonaises. Les deux batteries russes du troisième d'artillerie à Kocheko furent écrasées et se turent à 7 heures. Alors, (7 1/2 h.) le général Kuroki ordonne l'attaque en masse. La deuxième division et la Garde franchissent le bras guéable en bataille et marchent contre les tranchées échelonnées occupées par le 12e chasseurs.

Celui-ci, attendant patiemment sous les shrapnells qui, selon un témoin oculaire, forment une véritable averse, ne tire que quand les Japonais se trouvent à quelques centaines de mètres et par salves ; les Japonais s'arrêtent, se défilent derrière tous les vallonnements du terrain et tiraillent avançant par bonds. A 8 heures, le feu faiblit et à 8 h. 15 une brigade de la Garde lancée en colonne sur le plateau de Makao, arrive à la crête et s'y établit.

Le douzième chasseurs replié sur la deuxième ligne subit de nouveau une canonnade enragée, attendant toujours une attaque d'infanterie qui ne vint pas. Mais vers midi, la douzième division japonaise ayant tourné la gauche de la position, le régiment reçut l'ordre de retraite : sa belle défense contre des troupes huit fois supérieures lui coûtait un tiers de son effectif : 23 officiers et 868 hommes.

La retraite était urgente. En effet dès 5 heures, et sans attendre une préparation d'artillerie complète, la douzième division avait marché en colonnes et tout droit aux gués de l'Aï-ho.

D'abord son artillerie nombreuse, mais surtout de montagne, ne put éteindre le feu des deuxièmes et troisième batteries du 6e d'artillerie et de la compagnie de mitrailleuses russes.

Deux colonnes, éprouvant des pertes cruelles, parvinrent bien à passer la rivière, dans l'eau jusqu'aux aisselles, mais furent arrêtées à Potai-tzin, au pied de la position par le tir des mitrailleuses. Heureusement pour elles, une troisième colonne franchissant le gué de Tchinzou, plus au nord, culbutait le bataillon du vingt-deuxième chasseurs qui le gardait. A midi, le flanc gauche était forcé et toute la division russe tournée.

En présence de ce mouvement enveloppant, l'ordre général de retraite fut donné. Le onzième chasseurs appelé de la réserve est installé vers une heure sur la colline de Hohmu-chan avec deux fronts de tir, vers le Nord où la douzième division s'avance, pressant les débris du vingt-deuxième chasseurs, vers le Sud-Est où la Garde arrive, refoulant les débris du douzième.

Sous sa protection, les deux régiments abîmés, puis le dixième chasseurs, s'écoulent vers deux heures. Mais la troisième batterie du troisième, la deuxième du sixième et celle de mitrailleuses, n'ayant plus que la moitié de leurs chevaux ne purent gravir les pentes et, après de vains essais de trait à bras, se remirent en batterie, toujours à bras, près du onzième chasseurs.

Pendant deux heures encore, ce petit groupe de trois bataillons et trois batteries tint tête à trois divisions dont l'artillerie le couvrait d'obus tandis qu'elles-mêmes ne cessaient de s'étendre, l'enveloppant progressivement sur trois côtés.

A 4 heures enfin, voyant que sa ligne de retraite allait être coupée, le régiment se forme en colonne, la musique jouant l'hymne et, le pope Sherbatovsky en tête portant la croix, tous se ruent à la baïonnette. Les artilleurs suivent, après avoir encloué ce qui restait de canons et brisé les culasses. On passa, mais le onzième perdit ses *4 officiers supérieurs (le colonel Laiming tué) 22 officiers et 878 hommes* les deux batteries du sixième, *4 officiers, 103 hommes et 249 chevaux.*

Dans le même temps, la flottille du contre-amiral Hosoya [1] avait rebombardé Antoung. N'ayant pas d'artillerie qui permît de répondre, le corps d'observation russe se montra le moins possible, attendant un débarquement, mais à une heure, l'ordre de retraite lui parvint et après avoir incendié Antoung,

[1] Rapport du capitaine de la canonnière *Maya*, communiqué 3 mai, par la Légation japonaise.

il se replia à travers les monts Kouloung-chan. Il était temps : une partie de la deuxième division japonaise descendant la rive arrivait à Antoung dans l'après-midi.

Les Japonais étaient donc maîtres à 5 heures du Yalou tout entier.

***

Retraite.

La retraite russe fut pénible : la route mandarine étant à l'ennemi, il fallut faire un détour par la montagne pour rejoindre la route à Tang-chang-cheng seulement : beaucoup de blessés firent cette rude étape, soutenus par leurs camarades, mais pour ceux qui ne pouvaient marcher, on dut requérir des porteurs chinois, difficiles à trouver, et qu'il fallait surveiller sans cesse pour les empêcher de s'enfuir après avoir jeté leur fardeau.

Heureusement la fatigue des Japonais eux-mêmes et leur défaut de cavalerie empêchaient une poursuite sérieuse qui, dans l'état où se trouvait la colonne, l'eût certainement achevée.

A Tang-chang-cheng enfin, on trouva quelques-unes des unités fraîches de la 6e division, mais, si l'on en croit un rapport japonais [1], l'énervement était tel encore qu'elles tirèrent sur une des colonnes en retraite, lui tuant 70 hommes.

***

Résultat.

Cette journée constituait pour le Japon un succès stratégique et politique de première importance : ils tenaient l'entrée de la Mandchourie ; ils s'affirmaient d'emblée aux yeux des Chinois et de l'Europe comme disposant d'un instrument admirable dans cette armée disciplinée, mais ardente, bien ménagée par des chefs habiles jusqu'au moment critique, mais

[1] Dépêche Kuroki, 6 mai : Il dit d'ailleurs ne tenir ce renseignement que des Chinois, toujours sujets à caution.

alors prodiguée sans réserve et ne reculant devant aucun obstacle.

Le succès matériel était moindre : ils avaient abîmé une brigade russe et c'était tout, car ils n'avaient eu affaire en réalité qu'à huit bataillons et quatre batteries : 8,900 hommes en tout, auxquels ils avaient opposé trente-six bataillons et trente batteries, soit plus de quatre fois autant d'hommes et près de six fois autant de canons.

Leurs pertes étaient sensiblement égales sinon supérieures, car il est impossible d'admettre qu'en douze heures d'une bataille furieuse, où ils eurent constamment le désavantage tactique de l'offensive, ils n'aient perdu que 886 hommes, soit 2 % seulement des 45,000 hommes engagés [1].

Rien que le chiffre avoué des officiers hors de combat (60) prouve qu'une bonne partie des pertes en hommes a été dissimulée.

Les Russes perdirent 70 officiers et 2,325 hommes, soit 26 %. Dans ce nombre figurent 7 officiers et 679 hommes, soit 686 « *disparus* » [2].

Les Japonais firent le jour même 330 prisonniers dont 20 officiers y compris 120 blessés et recueillirent les jours

[1] Les chiffres japonais ont été deux fois rectifiés :

1° 900.	Ainsi répartis :	185 tués dont 25 officiers. 715 blessés dont 20 officiers.	Dépêche du 9 mai, communiquée aux journaux de Tokio.
2° 886.	Ainsi répartis :	191 tués dont 31 officiers. 695 blessés dont 29 officiers.	Dépêche du 12 mai, communiquée aux journaux de Tokio.
3° 1101.	Ainsi répartis :	318 tués dont 5 officiers. 783 blessés dont 33 officiers.	Dépêche du 19 mai, communiquée aux journaux de Tokio.

Le général Zassoulich, dans son rapport, évalue leurs pertes à 4,000 hommes. D'ailleurs, une dépêche Kuroki du 3 mai, dit « qu'on a encore découvert 200 morts et blessés, » dont il n'indique pas la nationalité. Enfin le 14 mai, le correspondant du *New-York Herald* à Séoul déclare qu'ils ont perdu 3,000 hommes, qu'il le fait savoir par voie détournée, sa dépêche originale, présentée à la censure, ayant été réduite de 2/3.

[2] Liste nominative de pertes suivant le rapport Kouropatkine du 9 (publié le 10).

suivants 503 hommes en égarés ou blessés non relevés : total *833*. Mais par contre, ils n'enterrèrent que 400 morts alors que les Russes en comptent 564, ce qui expliquerait tout ; en effet si l'on admet que les Russes ont compté pour morts 150 à 200 hommes grièvement blessés relevés par les Japonais. les chiffres concordent [1].

En matériel ils perdaient 21 canons et 8 mitrailleuses.

[1] Ils avaient sans doute bien jugé, car au 12 mai déjà les chiffres étaient ainsi modifiés par la mortalité dans les ambulances :

Prisonniers non blessés	138	
Prisonniers en traitement	475	1375
Cadavres enterrés	762	

B. — La IIe armée dans le Liao-Tong. — Arrêt de la Ire.

Abandon de Feng-hoan-cheng.

L'armée de Kuroki marcha lentement. Ce n'est que deux jours après la bataille, le 3 mai, que la première pointe japonaise arrive devant Tang-chan-cheng où elle ne trouve plus qu'un poste d'avis russe qui se replie à son approche [1]; les avant-postes sont plus loin, à Kao-li-meun sur la barrière de pieux.

Le 6 seulement, elle arrive devant Feng-hoan-cheng [2]; la 12e division suivant la vallée de l'Aï-ho, la Garde sur la route mandarine, au moins un détachement sinon toute la 2e division suivant la route de Siou-Yen. Le soir, elle occupe de fortes positions en demi-cercle au sud-est de la ville, sur des collines, et prépare même des emplacements de batteries; mais au matin les reconnaissances rentrent annonçant que la ville est complètement évacuée.

En effet le 4, la brigade de la sixième division japonaise libérée de son service aux îles Elliott par la IIe armée, avait débarqué à Takouchan menaçant les derrières de Feng-hoan-cheng par la vallée de Tayang-ho; mais on annonçait ou laissait annonçer que ce débarquement était le premier de la IIe armée dont le gros allait suivre.

Le 5, les reconnaissances russes signalent deux positions ennemies: à vingt kilomètres nord de Takouchan et à Loung-meun-miao [3]. Le 6 en outre on trouve des Japonais à Che-litse-poutse et Sedzekoho, ce qui marque la direction de Siou-yen pour le corps de Takouchan. En même temps, sur l'extrême gauche, on signalait l'occupation de Kouanjentien par une colonne japonaise que les Chinois disent forte d'une division. [4]

Dans ces conditions, l'état-major russe revenant, mais un

[1] Dépêche Kuroki, 6 mai.

[2] Dépêche Kuroki, 8 mai. Dépêche Kouropatkine du 9.

[3] Dépêche Sakharoff du 10 mai.

[4] Dépêche Sakharoff du 10 mai.

peu tard, à son principe de refuser le combat tant qu'il n'aurait pas ses forces en mains, ne pouvait laisser le corps Zassoulich (IIe) s'exposer à des attaques, qu'on avait le droit de croire formidables de trois côtés à la fois [1].

Le corps s'était donc replié dès le 5 au soir sur la route de Liao-Yang, brûlant les approvisionnements réunis dans Feng-hoan-cheng.

***

Marche de la Ire armée japonaise.

Ce n'est que le 11, à la suite de nombreux raids de cosaques, qu'on reconnut la présence d'une seule brigade à Kouan-jen-sien et d'une à Takouchan [2]. En même temps, les nouvelles de Port-Arthur ne laissaient plus aucun doute sur l'emploi *réel* de la deuxième armée.

Néanmoins on s'attendit du côté russe à voir marcher le gros de la première armée sur Haï-tcheng où l'on n'eût pu lui opposer alors que le IIe corps, enfin rejoint il est vrai par la 5e division (que la 9e remplace à Newchwang le 25 avril), mais sans chef; Keller remplaçant de Zassoulich ne pouvait être encore arrivé), et ayant une division fort abîmée.

Le Ier corps arrivait seulement à Liao-Yang. Pour se donner le temps d'attendre, on organisa d'abord un rideau formé des cosaques Mitchenko au Sud, de la division Rennenkampf au Nord. En arrière, les défilés de Fenchoui, Motien, Sinkaï, et les environs de Siou-Yen furent mis en défense et confiés au IIe corps.

D'abord les mouvements japonais semblent donner raison à ces précautions et tendre à recommencer la campagne de 1904.

Le 7, le détachement de la 2e division, qui a pris la route du Sud, fait sa jonction avec la brigade débarquée à

[1] Dépêche Sakharoff du 11 mai.
[2] Dépêche Pflueg du 11 mai.

Takouchan [1]. Tous deux ensemble marchent, le 11, par la vallée du Tayang-ho sur Siou-Yen. Le 8, la Garde s'engage sur la route d'Haïtcheng, lentement il est vrai : elle ne sera le 11 qu'au Kapaling, le 14 au Sin-Kaïling [2]. En même temps, la 12e division marche par la grand'route sur Liao-Yang ; le 12, elle est à Tong-youan-pou, à vingt-cinq kilomètres seulement du Motienling, du moins son avant-garde est reconnue par les cosaques [3].

Enfin la brigade de Kouan-jen-sien engage, le 10 mai, une fusillade avec les cosaques de Rennenkampf (1 tué, 2 disparus, pertes japonaises inconnues). Le lendemain, une forte colonne passe le Tayarhou-ho, marchant sur Saïmaki. Les renseignements chinois lui donnent la force d'une division (?); d'après les reconnaissances, il y a un bataillon et trois escadrons [4].

Ce dispositif en éventail semblait cacher tout simplement un mouvement du gros de l'armée japonaise sur Kaïping par Siou-Yen comme en 1894, l'indécision de la marche des Japonais vers le Nord-Est tendait à le faire croire [5]. Cette hypothèse devint presqu'une certitude le 15 : les avant-gardes japonaises sur toutes les routes du Nord et de l'Est reculent sans cesse.

Le 15, le Sin-kaïling est évacué [6], ainsi que la vallée du San-min-ho sur Siao-li-tchang, que l'arrière-garde japonaise quitte même le 17, continuant sur Feng-hoan-cheng [7].

Deux jours durant, on attend l'attaque du gros de l'armée japonaise par les routes Feng-hoan-cheng et Takouchan à Siou-Yen : dans cette attente, la 5e division occupe le Tapien-ling, au nord-ouest de la ville, et les cosaques de

[1] Dépêche Pflueg du 11.
[2] Dépêche Sakharoff des 8 et 10. Dépêche Kouropatkine du 17.
[3] Dépêche Pflueg du 14.
[4] Dépêche Kouropatkine du 17.
[5] Dépêche Pflueg du 15.
[6] Dépêche Kouropatkine du 17.
[7] Dépêche Sakharoff du 18.

Mitchenko redoublent d'activité dans la vallée du Tayang-ho, mais, là comme ailleurs, ils ne peuvent que constater, à partir du 17, le recul général de la Ire armée [1] : sa gauche se replie sur le nœud de routes de Chelitsepoutze, comme le centre l'a fait sur le Kapaling et la droite sur Feng-hoan-cheng même [2].

Modification du plan japonais, causée par la perte du Hatsuse, a-t-on dit (?). *Fidélité complète* au plan, dirons-nous, car il consistait visiblement à retenir l'attention et les troupes des Russes à l'Est, sans compromettre l'avenir par une hâte excessive jusqu'à ce que l'attaque sur le Kwantoum eût abouti et que la IIIe armée fût entrée en ligne par Tchingtaitze formant un centre entre les Ire et IIe. Quel que fût le but, voici les événements (?) auxquels se borne l'activité de la Ire armée du 15 au 25 mai.

Le 18, une division russe envoyée sur l'extrême droite, pour pénétrer de force les desseins de la colonne marchant sur Saïmaki, n'y trouve à 8 heures qu'une avant-garde qu'elle déloge sans peine et poursuit de crête en crête pendant vingt kilomètres ; la poursuite ne s'arrête qu'à 2 1/2 heures à Taliantze (18 kilomètres de Feng-hoan-cheng) [3].

Dans la nuit du 20, à Sikoutchingtze (12 kilomètres au nord de Takouchan), une reconnaissance cosaque se heurte à de l'infanterie et subit quelques pertes. Les Japonais déclarent « avoir annihilé un escadron [4]. »

Le 21, sur la grand'route de Corée à Tang-chan-cheng,

[1] Dépêche Sakharoff du 18.

[2] Dépêches Kouropatkine du 17 et du 19.

[3] Dépêche Kouropatkine du 19. Pas de rapport officiel japonais. Une dépêche officieuse explique que 5000 Japonais se replièrent en bon ordre, ayant reconnu la présence de 32.000 (??) Russes.

[4] Tokio, 22. Kouropatkine, du 23-24. D'après lui, le feu désordonné des Japonais dans la nuit ne fit pas grand mal. Il ne donne pas de chiffres.

Le rapport japonais indique 1 officier et 9 hommes tués ; 1 officier et 4 hommes pris, comme pertes russes. Un japonais tué. Dépêche non officielle de Tokio à *Reuter*, 21 mai.

une sotnia est cette fois presque prise [1], et les survivants n'échappent qu'en abandonnant leurs chevaux ; mais, entrés au cœur de l'armée japonaise, ils ont vu défiler jusqu'à des transports d'intendance. Et voilà le bilan de mai pour la Ire armée.

***

La IIe armée. Débarquement.

Le 3 mai, l'embouteillage de Port-Arthur ouvrait l'ère des débarquements en Mandchourie.

A ce moment, la IIe armée avait une division prête aux îles Elliott, depuis le 18 avril, et 60 navires de commerce ordinaires demeuraient près d'elle pour lui faire franchir les 21 kilomètres la séparant de la terre [2].

Une autre (la 4e) était prête dans les mêmes conditions à Chinampo : elle devait être entassée au besoin sur 83 caboteurs réunis en rade avec un luxe de précautions et de mystère extraordinaire : pendant près de quinze jours, le port fut consigné ; aucun navire ne put y entrer ni en sortir [4].

La 3e était en route, venant du Japon sur la flotte régulière de transports. On pouvait donc jeter, en une quinzaine au plus, près de 60,000 hommes sur le point choisi.

Serait-ce Takouchan pour écraser Zassoulich, ou Pitzevo, point de débarquement de 1894, pour bloquer Port-Arthur ?

Ce dernier but sembla plus directement utile au grand objectif des Japonais : faire vite et frapper de grands coups avant le renforcement de l'ennemi. On n'envoya donc, comme on sait, à Takouchan qu'une seule brigade.

Le 5 à 5 1/2 heures du matin, la septième division navale (canonnières contre-amiral Hosoya) arrivait devant Pitzevo

[1] Sakharoff du 25. Il n'y a pas de rapport japonais sur cette seconde affaire, mais il semble que les détails donnés à Tokio concordent avec cette dépêche beaucoup mieux qu'avec la première. Mélange de deux dépêches en transmission peut-être ?

[2] De Séoul 9 mai au *New-York Herald*, de Chinampo 12 mai au *Morning Post*.

escortant sept premiers navires dont l'équipage enthousiaste n'attendit pas les pontons-débarcadères et sauta dans l'eau.

***

Un détachement d'Okhotniki envoyé les reconnaître fut chassé à coups d'obus, puis poursuivi pendant 8 kilomètres par l'infanterie, perdant 1 homme et 3 chevaux. Pitzevo fut occupé et les collines au Nord-Ouest mises en défense ; puis une colonne volante fut envoyée occuper Port-Adams, et y couper la voie ferrée [1]. Elle n'y trouva qu'un peloton de gardes-frontières qu'elle chassa sans peine, et dès le 6 un train, portant le pavillon de Genève et remontant de Port-Arthur vers le Nord, fut salué d'une fusillade. Il passa à toute vapeur, n'ayant que deux malades atteints.

La voie coupée.

Les Russes se sont plaints de ce fait par voie diplomatique. Nous croyons que si le train n'eût compris exclusivement que des blessés, il eût pu s'arrêter et qu'on l'eût laissé continuer. Mais en réalité il était mixte, devait passer et l'a fait, ce dont il faut le louer ; quant aux Japonais, ils n'ont fait que leur devoir en tentant de l'arrêter.

Seulement la colonne volante, sans doute faible et lancée si loin, ne put faire de grands dégâts ; elle brûla quelques gares, enleva quelques rails entre Port-Adams et Sanchelipou, mais cette partie de la ligne ne comprenant aucun ouvrage d'art important, sa dynamite lui resta pour compte.

D'ailleurs, déjà le 7 au soir, elle se repliait, soit à cause d'un cyclone qui éclata, soit parce que sa division se mettait en marche vers le Sud.

En effet, dès le 8, des escadrons de gardes-frontières visitèrent la voie sur 85 kilomètres jusqu'à Wafangtien et poussèrent ensuite vers l'Est jusqu'à 10 kilomètres de Pitzevo. Ils reconnurent : 1° qu'il n'y avait sur ce point en ce moment

[1] Rapport officiel de Tokio, 18 mai.

que 1,500 hommes, mais que 20,000 l'avaient quitté la veille vers le Sud, le long de la côte ; 2° que Pitzevo était retranché.

Profitant de ce répit, le 10, un train de munitions sous la conduite du lieutenant-colonel Spiridonoff, commandant le 4e bataillon du chemin de fer Transamour, franchit la partie endommagée de la voie, qu'on réparait à mesure et parvint à Kintchéou, où la division russe d'avant-garde le reçut triomphalement.

***

Mouvements vrais et faux.

Cependant la division japonaise, cette fois en force, réoccupe Port-Adams le 12, et détruit la voie ferrée au sud de la ville [1]. Le 14, une seconde commence à débarquer à Pitzevo, et le 23, on signalera l'achèvement d'un troisième débarquement plus au sud, dans la baie Stream (troisième division).

Le gros de la IIe armée : première, troisième et quatrième divisions, est dès alors massé sur la ligne Li-Tsia-Tien-Sanchelipou menaçant le Kwantoum.

Dans cette position, elle était assurée de remplir sa mission sans obstacle, l'armée russe principale étant empêchée d'intervenir :

1° Par la distance de 150 kilomètres entre Kaïping, point occupé par les Russes les plus rapprochés de ses positions ;

2° Par l'attention prêtée par les Russes aux mouvements de Kuroki. Un débarquement nouveau de 8,000 hommes opéré le 19 à Takouchan et que le Japon annonça officiellement [2], tandis qu'il taisait et faisait taire les deuxième et troisième débarquements de Pitzevo [3], vint confirmer leurs craintes. Ce n'est que beaucoup plus tard qu'on sut que ces 8,000 hommes étaient des détachements de recrutement destinés à combler les vides de la Ire armée ;

[1] Rapport Pflueg du 14.
[2] Rapport du contre-amiral Hosoya du 20.
[3] Aucun journal anglais n'en parle. Ils ont eu cependant lieu, l'événement le prouve et les rapports russes leur assignent leur date.

3° Comme si ce n'était assez, on jouait de nouveau de Newchwang. Dans la seule journée du 10, le *New York Herald*, le *Daily Chronicle*, le *Daily Mail* et une dépêche Reuter de Shanghaï-Kwan annoncent une attaque imminente. Le 12, une proclamation [1] est affichée dans la ville par des mains inconnues, annonçant aux Chinois l'arrivée des Japonais dans quelques jours et leur dictant leur conduite envers eux; signé : « Le chef d'état-major de la deuxième armée. » Le 16, toute une flotte apparaît au large de Sioung-jo-chang, à 50 kilomètres au Sud, et cette fois on va jusqu'au débarquement. Après avoir canonné la ville et quelques vedettes de cavalerie, de 12 heures à 1 1/2 heure [2], à 3 1/2 heures, trois grands transports débarquèrent à Ouan-tzia-toun une colonne qui se mit en marche vers Kaïping. Le 18, l'escadre reparaît... mais c'est pour rembarquer la colonne qui n'a fait qu'échanger quelques coups de feu avec la cavalerie de Samsonoff. On prétend même qu'elle ne comprenait que des fusiliers-marins, mais ce dernier point est douteux.

Pour toutes ces raisons, la IIe armée ne laisse au Nord qu'une ligne de postes avec une réserve d'une brigade à Port-Adams [3].

L'armée russe ne les inquiéta pas : cette fois, le général Kouropatkine concentrait puissamment tout ce qu'il avait de forces pour être prêt à toute éventualité. Du 9 au 16, on évacua même Newchwang, retirant les troupes, enlevant les pièces de position. Seule la brigade Samsonoff (dragons d'Oussouri et cosaques) appartenant au Ier corps qui venait d'arriver à Liao-Yang et marchait sur Haï-tcheng, avait été envoyée vers Kaï-Ping pour observer le Liao-Toung.

[1] *Daily Telegraph* du 13. — Chefou au *Times* 19.

[2] Rapport Samsonoff du 17, Kouropatkine du 16 et tous les journaux ; on sait que de Newchwang il part toujours plutôt trop de nouvelles que pas assez.

Inutile de dire que des journaux annoncent « 45.000 hommes débarqués, » « grande bataille » et « Kaï-ping occupé. »

[3] Rapport Sakharoff du 25.

C. — Kintchéou. Blocus de Port-Arthur

Dispositions russes.

Port-Arthur avait comme GARNISON, aux premiers jours de mai, les 4e et 7e divisions de chasseurs sibériens, soit 28,000 hommes environ ; un régiment de cosaques, le régiment de réserve de Chaïlar et quatre bataillons de réserve isolés d'autres régiments (8,000 hommes) ; cinq bataillons dont trois nouveaux d'artillerie de place (6,500 hommes). En tout 50,000 hommes environ.

Les estimations des VIVRES variaient, selon la source, de trois mois à un an. En réalité, ils *devaient* être de six mois, et il est impossible qu'en ONZE SEMAINES on n'ait pu les atteindre et même les dépasser par l'usage constant qu'on fit des jonques chinoises, du chemin de fer et des réquisitions, alors même que l'on admettrait, chose absurde, qu'au 8 février, les magasins étaient *vides*.

Celles relatives aux MUNITIONS, sans donner des chiffres, déclaraient la situation moins favorable, et ce qui donne du poids à cette affirmation, c'est l'acharnement qu'on mit à faire passer le train Spiridonoff (V. P. H.).

Les TRAVAUX en onze semaines avaient marché, mais pas aussi vite qu'on l'eût voulu, beaucoup d'ouvriers chinois étant partis ; néanmoins on avait pu réunir les redoutes de l'étranglement de Kintchéou par plusieurs lignes de tranchées étagées, communiquant par des chemins couverts, et l'on y avait mis en batterie le matériel d'artillerie pris aux Chinois en 1900, fort disparate mais comprenant quelques bonnes unités ; des marins provenant des vaisseaux en réparation (Cesarewich, Retvisan, Pallada) les servaient. La 4e division en entier occupait la position.

L'ensemble de ces ouvrages eût constitué une ligne imprenable s'il y avait eu là comme noyau, au lieu de redoutes en terre, des forts bétonnés et à coupoles, pouvant tenir tête à l'artillerie des navires ennemis, mais il n'en était malheureusement rien.

En arrière, on travaillait encore à fortifier de la même façon une deuxième ligne sur la chaîne de hauteurs allant de Lounouantan à Siouatze, appuyée au centre par l'ouvrage permanent du mont Takouchan. Enfin, le corps de place et la ligne des forts d'enceinte étaient mis en défense. Nous avons déjà vu les travaux du front de mer.

Une des forces de la place était son GOUVERNEUR, le général Stoessel, commandant le IIIe corps, réputé pour son énergie. Pour en donner une idée, voici sa proclamation du 7 mai : « De trois côtés, il y a la mer et de l'autre l'ennemi, il n'y » a donc plus qu'à combattre ; quant à moi, je ne donnerai » jamais l'ordre de céder. Que tous soient convaincus qu'il » s'agit d'une lutte à mort. »

***

Préliminaires de l'attaque.

Ici le rôle de l'escadre devait être prépondérant.

A dater de l'embouteillage (3 mai), elle ne laisse aucun répit aux Russes. Six croiseurs surveillent la rade d'une façon constante. Le reste de l'escadre est signalé les 5, 6, 7, 10 [1], observant les tentatives des russes pour faire sauter les brûlots.

Enfin rassurée, elle entame, le 12, le déblaiement des mines placées par les Russes dans les baies Kerr et Deep. La division Kataoka composée d'avisos, canonnières et torpilleurs, fut chargée de cette dangereuse besogne.

Elle commença par dégager la côte à coups d'obus des postes russes qui l'occupaient, et se mit à la besogne ; mais la première mine trouvée coupa le torpilleur 48 en deux [2].

[1] Alexeieff, 14. L'escadre apparut au complet le 5 mai. *Reuter* 6 mai, publié le 7 et *Matin* du 8 : « Le dernier télégramme de Port-Arthur est arrivé ce matin à 8 heures ici, daté de hier 3 h. 10, disant qu'il est inexact que l'escadre japonaise ait fait nouvelle attaque mais qu'elle est toujours en vue. » *Reuter* 10 mai : La nuit dernière à minuit la flotte japonaise était en vue, aucun coup de feu tiré. »

[2] Communiqué de Tokio à la presse du rapport Kataoka, 13 mai.

Dans la journée, on trouva *trois* autres mines qu'on détruisit. Les 13-14, le déblaiement continue sans incident, mais le 15, encore dans le baie de Kerr, l'aviso Myako saute à son tour [1]. Le même jour se passaient des événements fort graves :

Le 13, les Russes avaient enfin réussi à faire sauter un des brûlots, rouvrant ainsi la passe, et l'escadre japonaise vint s'en assurer le 15 par un épais brouillard ; comme toujours, les croiseurs seuls avançaient vers la rade, le gros restant près de Liao-ti-chan, quand une mine placée par les Russes à cette place favorite des Japonais, fit explosion sous un des cuirassés du type Fuji [2], qui s'inclina mais, secouru par des torpilleurs, sembla reprendre équilibre et s'éloigna. A ce moment, un second, le Hatsuse s'approcha du lieu de sauvetage, une double explosion rappelant celle du Pétropavlovsk retentit, et il coula en quelques minutes : 300 hommes étaient sauvés y compris le contre-amiral Hashiba et le capitaine Nakao ; 400 périrent [3].

Ce n'est pas tout : dans la confusion qui suivit, le Kassaga, en s'écartant hâtivement du point dangereux, coupa en deux le croiseur protégé Yoshino, dont 90 hommes seulement furent sauvés [4]. Lui-même avait l'étrave défoncée ; il dut rentrer en cale à Saseho [5].

Seize contre-torpilleurs russes, soutenus par le Novik, sortirent pour appuyer encore cet échec, mais la division des croiseurs japonais ouvrit le feu contre eux et peu de temps après les adversaires s'éloignaient sans nouvelles pertes.

[1] Communiqué de Tokio à la presse du rapport Kataoka, 16 et 17 mai.

[2] Déclaration de treize russes débarqués le 19 à Chefou. Alexeieff au grand-duc Alexis, grand-amiral, 20 mai. L'amiral Togo ne parle pas de ce premier navire qui ne coula pas.

[3] Togo du 19 et Alexeieff du 20.

Un communiqué du 28 mai indique 235 hommes perdus du Yoshino et 412 du Hatsuse, en outre 82 blessés.

[4] Togo du 20. L'amiral Alexeieff ne parle pas de la collision, qu'on n'a sans doute pu voir de la place.

[5] Le Kassaga arrive à Saseho le 21 remorqué par l'Azuma.

C'était une période critique pour la flotte japonaise ; elle devait à la fois maintenir le blocus, rouvrir la baie de Talien-Wan et coopérer à l'attaque de l'isthme de Kintchéou.

Elle n'y put suffire : on renonça provisoirement à pénétrer dans la baie de Talien-Wan, ce qui eût cependant facilité singulièrement l'attaque, et l'on résolut d'abréger le plus possible cette situation dangereuse par un coup de force de l'armée de terre.

Le 16 mai, le général Oku [1], sans attendre sa 3e division, attaque les avant-postes russes à Tien-Kiang-Keou et Li-tsia-tien. Ils lui opposèrent 4 bataillons et 8 pièces, qui soutinrent un vigoureux combat en retraite : Oku avoue 146 hommes hors de combat dont 9 officiers.

Les seuls documents russes qu'on ait affirment que la plus grande partie de ces pertes consistait en un escadron trop avancé, qui fut enlevé et détruit, sauf 8 hommes. Toujours d'après Oku, les Russes perdaient 38 morts, ce qui suppose une centaine de blessés et quelques prisonniers [2].

La division du contre-amiral Togo (canonnières [3]) avait en même temps bombardé la gauche des Russes sur les collines au nord de Kintchéou, puis, après leur retraite, Kintchéou même.

Le 19, l'avant-poste russe de 108 hommes, placé au pied du mont Sampson, est attaqué par trois compagnies [4]. Il s'agissait sans doute d'une démonstration, car les compagnies rentrent dans leurs lignes sans insister.

[1] Extrait du rapport global d'Oku, 18 mai. Stoessel dit (6 juin) : « Le 28 (16) mai, un détachement japonais s'avança par la route de » Sanchilipou et Yotzalinza. Il marchait en colonnes serrées, ce qui leur » occasionna de fortes pertes par le feu de notre artillerie. Quand il se » développa, il avait vingt-quatre bataillons et six batteries, aussi nos » troupes rétrogradèrent-elles. Les Japonais s'arrêtèrent sur la position » Il donne comme pertes totales du 14 au 21 mai, 10 officiers, 175 hommes.

[2] Communiqué de la Légation japonaise à Londres du 20.

[3] Rapport du contre-amiral Togo du 20.

[4] Rapport Gilinski du 3 juin.

Cependant le goulet de Port-Arthur [1] est décidément rouvert ; dans la nuit du 20, le Bobr (canonnière) et les torpilleurs Bourny et Boïki franchissent le blocus et vont s'installer à Talien-Wan, sous l'abri des mines, pour appuyer éventuellement la gauche russe à Kintchéou.

Le 21, une reconnaissance japonaise est repoussée : le contre-torpilleur Akatsuki est coulé, disent les Russes ; perd 24 hommes (sur 39!), disent les Japonais : il a reçu un obus des forts [2].

C'est dans ces conditions que la troisième division débarqua le 23, aux baies Stream. Soit que les Russes n'en fussent pas informés ou qu'ils voulussent se réserver pour le moment prochain où leur flotte s'augmenterait de 3 cuirassés réparés, ils ne bougèrent pas ces jours-là, ce qui sauvait la situation.

Le 24, la IIe armée tout entière était réunie devant Kintchéou.

***

Kintchéou

La position russe allait en première ligne en avant de l'isthme de Yanchiatoun à Tienchiatien [3]. Cette première ligne était constituée par des tranchées d'infanterie, avec réseaux de fil de fer ; elle avait comme avancée Kintchéou même, occupé par de l'infanterie, et une batterie sur la colline Neuschan proche de la ville.

La deuxième ligne était formée du mont Nan-chan ; une tranchée continue en suivait le pied, précédée de fils de fer et de bambous pointus ; des batteries et des tranchées unies par des chemins couverts, s'étageaient jusqu'au faîte, occupé par une grosse redoute de terre. La principale batterie basse était à Sokuto.

[1] Rapport Alexeieff du 7 juin.

[2] Tokio 22 mai, au *New York Herald*, officiel le 23. Pétersbourg au *Matin* le 21.

[3] Les positions sont bien décrites dans la grande dépêche de Tokio du 27.

Avec un véritable héroïsme, dès le 21, des officiers japonais s'étaient approchés pour provoquer une canonnade et déterminer ainsi l'armement des batteries au moyen des fragments d'obus. Ils conclurent à l'existence au pied de Nan-chan de quatre obusiers de 15^{cm}, une douzaine de vieux canons de 9^{cm} et deux à tir rapide de 120^{mm} ; de huit pièces inconnues à Huschan et d'un nombre indéterminé de canons d'une portée de 8.500 mètres aux sommets de Nan-chan et de Santaokou.

En même temps, leurs reconnaissances d'infanterie découvraient que la première ligne russe n'était vraiment qu'une ligne d'avant-postes ; que, notamment à Tienchiatien, elle était inoccupée, devant seulement servir de retraite aux troupes occupant Kintchéou.

En conséquence, dès que son armée fut complète, le général Oku la porta des collines à l'Est de Kintchéou, où elle était (en angle droit avec la position des Russes) en face des Russes, la droite en avant. Le 25, elle fut en position menaçant la gauche ennemie.

Là se trouvait en effet le point faible des Russes, par suite de la possibilité pour l'escadre japonaise de les bombarder de flanc, en prenant position dans la baie de la Société.

Le 25, à 5 1/2 heures, l'action commence par une canonnade de 3 heures, entre les batteries de Nan-chan et l'artillerie japonaise établie à mi-côte du mont Sampson. La flotte japonaise n'apparait pas ; à huit heures, les batteries japonaises sans doute abîmées se taisent.

[1] Sources : Rapport Gilinsky du 3 juin (trop sommaire). Grande dépêche officieuse de Tokio aux journaux anglais le 27. Rapport Oku du 28 publié le 30 par le *Daily Telegraph*. Communiqué de la Légation japonaise à Londres, du 28 mai. Récit du *Times* d'après témoins, 2 juin. Récit du *Rousskoïé Slovo*, 7 juin. Interview d'officiers japonais rapatriés : de Tokio, 9 juin. Interview d'un négociant russe échappé de Port-Arthur à Chefou, 15 juin.

Néanmoins, à minuit, par une obscurité intense, la droite (4e division) se jette sur Kintchéou et l'enlève d'emblée (on avait enfin avis de l'arrivée de la flotte). Comme on l'avait prévu, la ligne avancée des Russes est évacuée du coup, les troupes de Kintchéou surprises ne s'y étant pas arrêtées et la droite ayant dû suivre leur mouvement.

A 3 h. 1/2 du matin, les canonnières Tsukuski, Heiyen, Akagi et Chokaï concentrent leur feu (ensemble sept pièces de 254 et 240mm, sept de 152mm) sur la batterie basse de Sokuto, qu'elles ne font taire qu'en la détruisant de fond en comble vers 4 heures, mais elles ne purent éteindre le feu de la redoute, se contentant de le détourner sur elles ; elles perdirent un de leurs capitaines et 10 hommes. En même temps, les batteries de Nan-chan et du mont Sampson recommençaient leur duel.

A 5 1/2 heures, toute l'armée japonaise marche contre Nan-chan, la 4e division à droite, la 1re au centre et la 3e à gauche, et l'on voit alors un spectacle qui fait songer aux grands chocs d'armées du premier empire ; en effet, l'étroitesse de l'isthme force les Japonais à marcher en ordre presque serré ; même ainsi toute la 3e division à gauche, une partie de la quatrième à droite, sont dans l'eau, car la marée monte couvrant les plages.

Cette formation coûteuse ne produit pas les résultats attendus car l'artillerie russe, sauf la batterie de Sokuto, tire toujours en dépit des obus qui pleuvent sur elle, l'infanterie tient ferme dans ses tranchées ; des fougasses éclatent sous les plus avancés, décelant l'existence de toute une ligne ; les colonnes d'assaut se replient donc sur le gros, entretenant un combat de tirailleurs à petite distance encore très meurtrier. C'est surtout la 3e division qui souffre, car à dix heures le « Bobr » embossé dans la baie Hand, la prend d'enfilade, tandis qu'une batterie de quatre pièces sur le Huschan la décime.

C'est ce qui détermine l'événement : placée dans cette horrible position, cette division opte pour la « fuite en avant, » selon l'expression du maréchal de Saxe, et se jette à corps perdu sur les tranchées de Huschan, qu'elle emporte enfin (3 heures). Mais elle n'est pas sauvée pour cela ; elle est complètement entourée de Russes, qui se renforcent sans cesse, et ne peut manquer d'être détruite.

En même temps, on constate que, faute de munitions, les batteries japonaises se taisent l'une après l'autre, tandis que deux nouvelles batteries russes établies dans le Nankwanling et défilées par conséquent des canons du mont Sampson sont mises en action contre la 3ᵉ division. Les Russes font même une contre-attaque sur ce point.

Alors un héroïque effort est réclamé des deux autres divisions : les canonnières, les batteries du Sampson et de Nenchan concentrent tout leur feu sur Nan-chan ; on demande dans chaque unité des volontaires pour aller en avant provoquer l'explosion des fougasses ; des compagnies entières s'offrent, mais quelques hommes du génie ayant découvert que la pluie a mis à nu leurs fils conducteurs, des pionniers vont les couper en rampant sous le feu. Cela fait, on lance la 1ʳᵉ division. En vain : les deux bataillons de tête furent littéralement fauchés, dit un témoin, et le gros de la division reste vers Maokying.

Cependant la 4ᵉ division (Osaka), lancée en même temps et sans plus de succès, détache une brigade qui, descendant sur la plage ouest, encore couverte par la marée, prend en flanc les tranchées russes. Une réserve lui est opposée qui descend aussi dans l'eau, mais sous la fusillade et les obus des canonnières toutes proches, elle se replie « laissant la mer rougie » (7 heures) et la quatrième division gravissant le revers ouest du Nan-chan s'y établit.

De ce moment, la position russe n'était plus tenable, mais l'ordre de retraite ne fut donné qu'à 8 heures. Elle se fit assez tranquillement sous la protection des batteries de Nankwanling après qu'on eut enlevé les culasses des canons non emmenés et fait sauter en route la poudrière de Tafangchen.

Les Japonais, malgré leurs affirmations, ne semblent guère avoir poursuivi, si ce n'est à coups d'obus : aussi nous ne les verrons occuper Dalny que le 30, quatre jours après.

***

Résultats. Cette bataille donne la mesure de ce qu'on peut demander à l'armée japonaise : pendant 14 heures, elle subit sans recul sensible le feu de l'ennemi à 500 et même à la fin 200 m. Dans les attaques à fond, ses fantassins tombèrent au pied même des tranchées russes.

Mais, même avec de pareils soldats, la IIe armée, de l'aveu de son chef, fut bien près d'un désastre qui se fût produit *inévitablement* sans l'inspiration de la 4e division, et son attaque hardie, favorisée il est vrai par les canonnières.

Il ne faut pas oublier non plus que la défense, si bonnes qu'aient été ses positions, avait affaire au triple de son effectif et luttait contre une artillerie très supérieure, du côté de la mer surtout.

De part et d'autre, on avait des erreurs à se reprocher : les Japonais de n'avoir pas donné plus de part à la marine, le peu qu'on engagea ayant prouvé qu'une assistance plus sérieuse eût épargné bien des vies; les Russes, de n'avoir pas prévu l'attaque par la plage ouest.

Il est à noter qu'ils y envoyèrent dix torpilleurs, mais trop tard, le 26 au soir, quand tout était fini ; cela ne servit qu'à causer la perte d'un de ceux-ci, qui s'échoua perdant 7 hommes.

Les Russes perdaient 30 officiers et 800 hommes, d'après le rapport Gilinski [1] soit 6 % environ. Ces chiffres concordent assez bien avec la nature défensive du combat, assez

[1] Le seul chiffre donné : c'est celui du rapport Gilinski du 3 juin.

mal avec l'affirmation d'Oku qu'on enterra 400 Russes [1]. A moins qu'admettant, selon le récit du « Rousskoie-Slovo, » que les blessés mêmes combattaient, on admette comme conséquence qu'il fallut les achever pour en avoir raison, au moins en partie....

Ils laissaient 68 canons, 10 mitrailleuses et un projecteur.

Les Japonais avouaient le 4 juin : 744 tués dont 31 officiers et 3,560 blessés dont 108 officiers, soit 4,304 hommes, ou 10 % de l'effectif [2]. Ce n'est peut-être pas suffisant, si l'on considère quelle fut, pendant 14 heures, la position des Japonais. Cependant, le chiffre de 12,000 lancé par plusieurs journaux semble exagéré [3].

***

Quoi qu'il en soit, à ce prix cruel le but était atteint : Port-Arthur était bloqué sur terre. Un siège s'ensuivrait-il ? Seule la suite le dirait.

[1] Aucun rapport officiel japonais ne donne d'évaluation de ces pertes. Une dépêche officieuse de Tokio du 28 avoue 2.000.

[2] Ils annoncèrent d'abord 2,500 hommes (rapport Oku). Le 4 juin, une dépêche officielle rectifia.

[3] *Matin*, de Kharbin, le 28. Les journaux anglais du 28 donnent la même dépêche.

VI. — Deuxième période de la Guerre terrestre

Campagne de Juin 1904

A. — La marche des Russes vers le Sud (WAFANGOU)

Généralités. La bataille de Kintchéou eut en Europe et surtout en Russie un retentissement énorme ; quant au Japon, inutile de décrire les réjouissances qu'elle provoqua : qu'il suffise de savoir qu'à Tokio et Osaka il y eut des morts et des blessés dans la foule enthousiaste.

Il semblait que, dès ce moment, plus rien ne dût résister à l'armée japonaise ; on annonçait la prise d'assaut de Port-Arthur dans la quinzaine, quelques uns même dans la semaine (!).

En réalité, les Japonais pouvaient avoir l'audace de tenter l'assaut, mais sans la même certitude (qui faillit être démentie) qu'à Kintchéou, contre des ouvrages permanents, munis d'artillerie moderne et possédant une garnison d'effectif égal à la IIe armée elle-même après ses pertes.

Néanmoins cette possibilité sembla si menaçante en Russie qu'elle y dicta, comme nous le verrons, l'envoi d'un corps de secours vers le Kwantoum. Seconde infraction, qui fut grosse de conséquence, au principe que l'armée russe s'était imposé de céder le terrain plutôt que de s'engager prématurément.

Selon nous, toute la question se résumait en celles-ci :

Quel emploi sera donné à la IIIe armée ? Où sera-t-elle débarquée ?

En effet, sans renforts, la IIe armée seule ne pouvait prendre Port-Arthur, étant seulement égale à la garnison. Sans renforts, la Ire armée ne pouvait prendre l'offensive, Kouropatkine ayant alors en main contre elle ses Ier et IIe corps au complet, bientôt rejoints par le IVe.

Les Japonais se décidèrent pour la deuxième alternative, par les raisons suivantes :

1° Le blocus obtenu, Port-Arthur ne gênait pas et chaque jour devait affaiblir ses forces. Au contraire, l'armée de campagne continuant à se renforcer, c'était elle qu'il fallait frapper d'urgence.

2° La saison des pluies survenant en juillet arrêterait les marches offensives, tandis qu'elle ne gênerait en rien des troupes de siège demeurant sur place et ravitaillées par mer.

3° On profiterait utilement du répit laissé à la ville pour amener le matériel de siège régulier et épargner ainsi beaucoup de vies.

Cette préoccupation au premier abord surprend de la part des chefs ayant mené leur monde à la boucherie de Kintchéou, mais elle est bien psychologique : la réflexion et peut-être même le remords ne peuvent venir dans la fièvre du combat, quand les chefs, comme les hommes, sont hypnotisés par la vue du but à conquérir. C'est le lendemain, dans les ambulances, qu'on réfléchit.

***

Cela posé, c'était à Tching-tai-tse que devait débarquer la IIIe armée. De là, par Siou-Yen, elle pouvait, avant les pluies (6 semaines), parvenir jusqu'à Haïtcheng, au beau milieu de la base des Russes, formant le centre d'un vaste mouvement concentrique, auquel participeraient la Ire armée sur la route de Feng-hoan-cheng—Haïtcheng et la IIe sur la route de Fou-tchéou—Haïtcheng. Seulement, cette dernière, se trouvant à 250 kilomètres du but, tandis que les autres avaient leur point initial à 120 et 150 kilomètres, serait forcément refusée pendant quelque temps, attirant au sud des forces russes, que la prise d'Haïtcheng couperait, on y comptait bien.

***

Positions des deux armées à la fin de mai et leurs projets

Pendant que s'achevaient les événements du Kwantoum, les positions russes changeaient de fond en comble.

Le 21 mai déjà, Newchwang avait été réoccupé, et le Ier corps d'armée, 1re-2e divisions de Sibérie, 70e brigade d'Europe, continuant vers le Sud sa marche presqu'ininterrompue, venait à la fin du mois d'Haïtcheng à Kaïping.

Le but de ce mouvement était à la fois de tenir tête à tout mouvement du Sud, de couvrir les importantes ressources de Newchwang et détourner l'effort tenté par les Japonais contre Port-Arthur. L'arrivée du XVe corps de Kharbin à Liao-Yang le rendait, croyait-on, sans danger.

Les Japonais, de leur côté, s'en tenant à leur plan primitif, occupaient seulement le 30 la ville de Talien-Wan et se bornaient, dès lors, à masquer Port-Arthur au moyen de leur Ire division et de quelques brigades de réserve, tandis que leur flotte draguait la baie de Dalny, pour qu'on pût y débarquer le matériel de siège (nous verrons cela avec le siège).

Mais, après la bataille, le général Oku, avec les 3e et 4e divisions, fit face au Nord, marchant sans hâte vers la ligne Port-Adams-Pitzevo, qui devait être le point initial de son offensive, quand le débarquement de la IIIe armée le permettait. Au centre, on débarquait en effet vers le 1er juin la 10e division ; la 5e et la 11e devaient suivre.

A droite, Kuroki appuyait vers sa gauche pour donner la

main à la IIIe armée. On voit, du 20 au 27 mai, ses troupes descendre, par petits détachements, du Kaepaling vers la vallée du Tayangho, tandis que ses avant-postes restaient à peu près sur la même ligne [1].

Le 30, coup de théâtre !

L'expédition de secours à Port-Arthur. Combat de Wafangou-Telisse.

L'avant-garde japonaise (2 bataillons, 8 escadrons et 1 batterie) se heurte à Wafangou à des forces considérables : toute la brigade de cavalerie Samsonoff, renforcée de gardes-frontières et d'okhotniki montés [2].

Les Japonais ramenèrent d'abord à midi deux escadrons de gardes-frontières, sous le comte Armfeld, qui formaient la pointe. Ensuite, deux escadrons de cosaques, joints à ceux-ci, culbutèrent à leur tour la cavalerie japonaise, grâce à leur lance, dit-on, détruisant presque un escadron du 14e de cavalerie ; mais ils furent ramenés par le feu de l'infanterie et de la batterie japonaises. Deux escadrons des dragons d'Oussouri, pied à terre, et une compagnie du génie repoussèrent la poursuite de la cavalerie japonaise par leur feu ; la batterie russe, à 1 1/2 heure, précipite sa retraite à coups d'obus, et cosaques et dragons se lancent derrière elle. Mais à 2 heures, un régiment japonais entier apparait sur les crêtes, et les Russes restent à Wafangou-Telisse. Trois tués, 35 blessés (dont 7 officiers) chez les Russes ; — 70 Japonais hors de combat dans le seul 14e de cavalerie.

En même temps, de toutes parts on apprend que « sous » la pression du vice-roi et de son parti » le général Kouropatkine envoie « malgré lui » un corps d'armée « au » secours de Port-Arthur [3]. »

L'hostilité de Kouropatkine contre un projet aussi dangereux n'est que vraisemblable ; mais, était-ce bien le projet

[1] Rapport Kouropatkine des 24 et 28.

[2] Dépêche officieuse Tokio du 5 juin. Rapport Kouropatkine du 1er juin et complémentaire du 4 juin.

[3] Conférence Alexeieff-Kouropatkine du 30. (*Écho de Paris* du 30.)

ou ne s'agissait-il que d'une démonstration pour détourner l'orage de Port-Arthur ?

S'il en est ainsi, bien que dangereux, ce projet n'était plus aussi absurde : c'était bien cependant juste ce que les Japonais attendaient, mais ni si tôt, ni en telles forces. Trop tôt, car la IIIe armée, qui devait profiter du mouvement en coupant la ligne de communication russe plus au Nord, commençait seulement à débarquer. Trop en force, car Oku allait rencontrer au moins trois divisions avec deux seulement.

Le remède était facile : c'était de ne rien changer au plan, sauf que la IIe armée se refuserait encore plus, redescendant jusqu'à Kintchéou dont elle recommencerait la défense, avec cet avantage que la mer serait des deux côtés de l'isthme pour elle. Elle serait donc inexpugnable. La IIIe armée, pouvant être rendue disponible pour le 15 juin, le mouvement des Ire et IIIe armées sur Haïtcheng couperait, à la fin du mois, toute retraite au corps russe, infailliblement battu devant Kintchéou.

C'était un succès stratégique, éclatant et assuré ; les Japonais y préférèrent un succès tactique brillant, mais improductif, qui constitue leur première faute.

En effet, sitôt la situation connue, on voit tous leurs mouvements tendre non pas à laisser les Russes s'engager au Sud, mais à les refouler avec le plus de forces possible. La IIe armée hâte sa marche vers le Nord ; le 7, elle est déjà en grande partie sur la ligne Panziatoun-Port-Adams. On laisse bien dans la IIIe armée, la 10e division [1] achever son débarquement à Tchingtaïtze, mais la 5e, qui suit, sera débarquée à Pitzevo, pour rejoindre Oku, et la 11e, qui doit arriver vers le 15, reçoit la même destination. La IIIe armée est ainsi virtuellement supprimée, tous ses éléments grossissant les deux

[1] Dépêche de Chefou, 4 juin (place ce débarquement au 26 mai). Il y avait 70 transports, vus par une jonque.

autres. Une nouvelle armée du centre dite « armée de Takou-chan » est reconstituée au moyen de la 10e division seule et peut-être d'emprunts provisoires à la première armée (probablement la 6e division).

***

Expectative de la 1re armée. Feinte sur la droite.

Par suite, Kuroki ajourne encore son offensive.

Il se borne, comme en mai, à des démonstrations qui portent cette fois sur l'extrême gauche des Russes, au point qu'on parla sérieusement de mouvement tournant par Moukden.

Le 27 mai, la brigade d'extrême droite, renforcée d'une partie de la 12e division, prend l'offensive à 10 h. 1/2 contre Chabo [1]. Les cosaques de Rennenkampf reculent dans la nuit sur deux positions, à 2 puis à 16 kilomètres vers l'Ouest, s'établissant à Aï-Yang-You-Meun.

Le 28, à 10 heures, l'attaque est renouvelée par de l'infanterie nombreuse. A 11 h. 20, les cosaques, débordés sur la droite, se replient sur Saïmaki. (Pertes russes, 21; japonaises, inconnues).

Le soir, les Russes évacuent Saïmaki et vont occuper le Sisouling, mais, les 29 et 30, les Japonais n'occupant toujours pas Saïmaki, ils s'y réinstallent.

Le 7 juin [2], une brigade de la 12e division, avec trois escadrons et deux batteries, attaque à nouveau. Les Russes perdant 102 hommes se replient sur le Sisouling.

Les Japonais disent avoir pris 7 hommes, enterré 28 cadavres, perdu 5 tués et 28 blessés.

Ces positions demeurent inchangées jusqu'au 19.

***

L'armée de Takouchan occupe Siou-Yen.

Le centre employa la première quinzaine de juin à se porter à la hauteur de la gauche de Kuroki.

[1] Dépêche Kouropatkine du 1er et du 2. Sakharoff des 5 et 8. Pas de dépêches japonaises.

On a sur ces deux affaires deux longues lettres d'un officier de l'état-major de Rennenkampf, publiées par la *Novoïe Vremia*.

[2] Kouropatkine du 6. Kuroki du 10.

Pour lui faciliter la tâche, celui-ci s'étend vers elle.

Le 7 juin, une brigade venant par la route de Feng-hoan-cheng et une brigade (de la 10e division) venant de Tchingtaïtze, arrivent dans la soirée à 8 kilomètres de Siou-Yen, après avoir refoulé les avant-postes russes les 30 et 31 à Ouladzi et Lao-ling respectivement [1].

Le 8, à 11 heures, toutes deux marchent sur la ville, défendue par le général Mitchenko avec 4000 hommes, principalement de cavalerie, avec une batterie à cheval. L'offensive de la brigade du Nord fut arrêtée net par les cosaques placés au bout du Takou-ling, long défilé qui commande la route de Feng-hoan-cheng. Au Sud, la batterie à cheval tient tête deux heures aux batteries de montagne japonaises. Mais, vers 1 heure, on s'aperçut que deux bataillons japonais de la colonne du Nord, avaient contourné le Takou-ling par des sentiers et menaçaient la retraite. Elle fut ordonnée, mais s'arrêta sans aucune poursuite à huit kilomètres.

Ce résultat obtenu, l'armée de Takouchan ne dépasse pas Siou-Yen : son avant-garde y est encore le 14.

***

La IIe armée renforcée marche au-devant du Ier corps.

Cependant, l'armée de secours (Ier corps, lieutenant-général Stackelberg) approchait rapidement du Kwantoum.

Le 6, une division d'escadre est envoyée pour gêner son passage à Sioung-yo-chan, où la route longe de près la côte, mais elle n'y trouve déjà plus que des arrière-gardes, en train de se retrancher. Le corps est déjà loin : à Yenkiatien.

Elle bombarde cependant deux fois Sioungjo-chan le 6, à 1 heure, et le 7, à 8 heures. Mais, ne pouvant détruire la voie ferrée et ne voyant plus de troupes russes, elle part à 7 heures du soir [2].

[1] Kouropatkine 1 et 2 juin.
[2] Sakharoff 7. Kouropatkine 10.

Le même jour, la cavalerie Samsonoff reconnaît la présence sur la ligne Port-Adams-Tanziafan et dans la vallée du Tacha-ho, de forces japonaises très importantes [1]. Elle n'a d'ailleurs que quelques escarmouches sans importance avec la cavalerie japonaise, qui se replie devant elle sans engager d'action jusqu'au delà de Wafangtien.

Enfin le 11, le gros du Ier corps parvenait à Wafangou (Telisse), la cavalerie Samsonoff toujours en avant. Mais, soit ordre de ne pas dépasser ce point, soit fatigue des troupes après une semaine de marche, il s'arrête les 12 et 13 dans de bonnes positions, sur une côte dont le sommet (524 m) commande toute la région, à hauteur de la station Wafangou du Transmandchourien.

Il semble que l'hypothèse « ordre de ne pas aller plus loin, » est la bonne, car, dès le 10, des convois d'intendance retraversèrent Newchwang, précédant probablement une retraite volontaire [2].

***

Bataille de Wafangou. Avant.

Oku, apprenant cette retraite, voulut-il l'empêcher ou bien avait-il ordre de combattre et n'attendait-il que ses renforts ? Toujours est-il que le 11, dans la nuit, c'est sa cavalerie d'avant-garde, à son tour, qui chasse les Russes de Oudiadien. La même nuit, un combat s'engage entre avant-postes à Linziatoun, mais les Russes conservent le village au prix d'une lutte acharnée jusqu'au matin (4 tués et 18 blessés ; pas de rapport japonais [3]).

La nuit suivante, une pointe d'okhotniki, sous le lieute-

[1] Sakharoff 7.

[2] Newchwang au *Times* 12 juin. *Matin* du 14 juin.

Cependant la brigade de la 9e division y restée part le 13, pour Kaiping et est remplacée par le régiment de réserve de Semipalatinsk (*Matin* du 14).

[3] Karkevich 13 juin.

nant Eckart, pénètre jusqu'à Port-Adams même et revient apporter la nouvelle d'une grande attaque imminente.

***

Bataille de Wafangou 13 juin [1].

En effet, la 5e division marchant par la vallée du Tacha-ho, la 3e sur la route longeant le chemin de fer et la quatrième utilisant en partie la route de Foutchéou, arrivent le 13 au matin en vue de la ligne avancée des Russes, placée à hauteur de Wafangtien et composée de la cavalerie Samsonoff et des 1er et 2e chasseurs sibériens : on aperçoit à l'aube leur cavalerie et les avant-gardes des 3e et 5e divisions dans les vallons au pied de Wafangtien ; mais, marchant lentement à cause sans doute de la chaleur torride, la cavalerie n'arrive à portée d'attaque qu'à midi, et sa formation trop compacte permet de la refouler facilement ; fusillée en flanc par un bataillon, chargée en tête par le 8e cosaques de Sibérie, outre quelques shrapnells envoyés par la 2e batterie du Transbaïkal, elle se replie rapidement sur le gros, et le champ de bataille reste vide jusqu'à 5 heures.

A ce moment, plusieurs batteries japonaises entrent en ligne, mais leur feu assez lent n'est maintenu qu'une demi-heure, car la 3e division à droite, la 5e à gauche la débordant, l'avant-garde russe se replie sur le gros à Wafangou.

Au soir, les Japonais occupent en demi-cercle à 5 kilomètres Sud de Wafangtien : Taoudiatoun (4e), Linziatoun (3e), Yandekou (5e division).

Les Russes ont à gauche les 1er et 2e chasseurs sibériens, au centre, les 3e et 4e et à gauche, les 35e et 36e. On ne laissait en

[1] Sources : Kouropatkine du 15 juin. Stackelberg, transmis par Kouropatkine le 16, Communiqué de la Légation japonaise de Londres du 16, (rapport d'Oku). Rapport complet d'Oku par l'Agence *Havas* le 19. Récit d'un interprète chinois. (*Matin* du 19). Récit de la *Novoïé Vremia* du 20. Récit du *Temps* du 21 (Bernet). Récit du *Rousskoïé Slovo* (Dantchenko) très détaillé en quatre parties.

réserve que le 34ᵉ, parce que des renforts étaient promis par chemin de fer.

L'ensemble de la ligne allait de Longouanmiao, à gauche, à Tafangchen à droite. La cavalerie Samsonoff restait en avant.

***

C'est encore au lever du jour que l'action s'engagea par un duel de batteries placées pendant la nuit : 98 pièces russes contre 144 japonaises, tirant du même feu « continu, « serré et exceptionnellement juste » déjà remarqué. Cependant, l'artillerie russe tiendra jusqu'au soir, plusieurs batteries ayant été en effet dissimulées à l'instar des Japonais; seule, la 4ᵉ du 1ᵉʳ d'artillerie trop en vue est écrasée et forcée de cesser le feu. 14 juin.

A 9 heures, le mouvement de l'infanterie japonaise se prononce : ce sont les 3ᵉ et 5ᵉ divisions, qui marchent de Linziatoun et Yandekou sur Chiao-Chatoun et Tapingkao, la cavalerie Samsonoff les leur cède et se replie sur la droite russe, observant la direction de Foutchéou.

A 11 heures, attaque générale ; elle échoue devant l'excellence de la position des Russes sur des collines abruptes, leur opiniâtreté légendaire et leur artillerie non éteinte. Des attaques partielles suivent sans discontinuer, mais elles se brisent encore et toujours.

Les pertes des Japonais sur ce point durent être énormes, mais aucun document n'en parle. Les Russes y perdirent 20 officiers et 311 hommes seulement. Malheureusement, un même obus avait tué le colonel Kavastounoff du 1ᵉʳ régiment de chasseurs et son adjudant-major.

Sur la droite russe, il n'y eut guère qu'une démonstration, faite par quelques bataillons et deux batteries de la 3ᵉ division. En effet, la gauche japonaise (4ᵉ division) était seulement le soir à Nantsialing.

***

15 juin. Au soir, chacun rentra dans ses positions de l'après-midi, mais dans la nuit les Japonais modifièrent les leurs du tout au tout : la 3e division occupa la colline à l'ouest de Tayangkan, la 5e, une autre à l'ouest de Chiao-Chiatoun, et la 4e reçut ordre de hâter sa marche. Ne pouvant enlever Télissé, Oku s'apprêtait à le tourner par sa droite.

De son côté, le général Stackelberg donnait ordre à sa 1re division de prendre dès le matin l'offensive contre la droite japonaise si bien arrêtée la veille.

Ainsi la bataille allait être animée, si l'on peut dire, d'un mouvement de giration de droite à gauche dont Télissé formait le pivot et le succès devait en revenir à celui dont le mouvement tournant serait effectué d'abord [1].

Le 15, au jour, un brouillard épais qu'on tenta vainement de déchirer à coups de canon, empêcha d'abord les adversaires de s'aborder. Cependant, dès 5 heures, la cavalerie Samsonoff découvrait sur son flanc, droit au sud de Tafangchen, des forces considérables. Elle était reçue à coups de fusils par des fantassins occupant des bois près de Lounhoo, mais ce n'est qu'à 6 h. 1/2, qu'un seul régiment sortait du bois se déployant contre Tafangchen.

A la même heure, le général Stackelberg jetait la première brigade sibérienne par Ouafanvopen et Kouin sur la colline, occupée dans la nuit par la 5e division. Cette attaque fut formidable : il y avait 1,800 mètres à franchir à découvert, sauf deux petites dunes à mi-chemin.

Les Russes s'avancèrent en échelons de compagnie, précédés de tirailleurs et gagnèrent sans trop de pertes, malgré la fusillade, la ligne protectrice des dunes; mais tandis qu'ils y reprenaient

[1] Bernet, dans le *Temps*.

haleine, le tir plongeant des batteries japonaises vint les y décimer, et quand ils les quittèrent, déjà plus d'une compagnie n'avait plus d'officiers. Malgré tout, on marcha, et le 3e chasseurs, réduit de moitié, parvint au pied des tranchées japonaises.

Les adversaires étaient si proches qu'ils se défiaient de la voix, se visaient d'homme à homme. Sur quelques points, les Russes en vinrent au corps à corps. Pour en finir, les Japonais roulèrent sur eux des rochers. La première brigade sibérienne, lâchant prise alors, retourne à son abri dans le ravin entre les dunes. La 70e brigade (régiments Morchansk et Saraïsk), débarquant du chemin de fer, lui est envoyée comme renfort, le général Stackelberg s'entêtant à produire l'événement sur sa gauche. Les troupes qui ont fourni le premier assaut saluent leur arrivée d'acclamations.

***

Mais à ce moment (10 heures), le feu d'artillerie redouble contre les batteries russes repérées la veille et que l'on a eu l'imprudence de ne pas changer. En une demi-heure, le terrain que chacune occupe est mathématiquement semé d'obus et de shrapnells et, à 11 heures, le 1er d'artillerie se replie sur une position plus en arrière (Ouantzialing), laissant 13 pièces brisées sur ses 40. La 3e division japonaise attaque alors le centre. Là, le 4e chasseurs, à l'exemple du 12e à Kialientze, brise le premier élan de l'attaque, par son feu calme, obligeant l'ennemi à toute une nouvelle préparation d'artillerie et à l'attaque régulière par bonds, ce qui fait gagner une heure de l'après-midi.

C'est à la droite que les événements se précipitent. Le régiment apparu à 6 h. 1/2 avait été facilement contenu par le 36e chasseurs. D'autres apparaissant à 7 heures, en train de contourner une boucle du Foutchéou-ho, furent pris d'enfilade par les batteries du 9e d'artillerie et subirent de fortes pertes.

Mais à 10 heures, la 4e division presqu'entière prononce une attaque débordante contre le 36e ; le 34e chasseurs, seule réserve restante, lui est envoyé de suite et le prolonge. Grâce à l'excellence de leur position, ces deux régiments réussissent à tenir jusque vers une heure, ne cédant le terrain que pied à pied. Mais alors l'évidence s'impose : la droite est irrémédiablement tournée ; la question n'est plus que d'y tenir assez pour laisser les routes libres quelque temps encore. Le centre n'a résisté qu'avec peine à la première attaque et, n'ayant plus de réserve, succombera certainement sous la seconde. Et, à 1 h. 20, la retraite est ordonnée. Il était temps ; à peine commençait-elle que la 3e division japonaise arrivant sur les positions au centre, y arrêtait l'évacuation des blessés et s'emparait ainsi du colonel du 4e chasseurs et de son fanion indicateur, que les Japonais essayèrent, dans leurs rapports, de faire passer pour un drapeau [1]. Quant à Guerngross, rappelé comme il attaquait à nouveau la droite japonaise avec ses cinq régiments, il continue son attaque, rejette la 5e division japonaise au delà de sa première tranchée, puis, malgré ses troupes qui croyaient que « c'était arrivé » et voulaient continuer, il bat en retraite, sans être inquiété.

***

Résultats. Stratégiquement, cette bataille était nulle si l'offensive rapide de l'armée de Takouchan ne venait la compléter par l'occupation d'un point au nord de Stackelberg, sur sa ligne de retraite.

[1] A propos de drapeau, le rapport du général Oku contient une allégation grave : l'emploi du drapeau japonais. Il ignore donc que les drapeaux russes *ne sont pas aux couleurs nationales*, seule la bordure les porte ; au milieu se trouvent sur fond blanc des emblèmes religieux : croix latine ou grecque, quelquefois les deux, avec, au point de jonction de leurs branches, un médaillon brodé à l'effigie du saint protecteur du régiment. C'est un de ces drapeaux que les Japonais auront pris pour leur « soleil levant » entouré de rayons.

Tactiquement, c'était cette fois le général Oku, et non les soldats japonais, qui gagnait la bataille ; sa modification aussi habile que rapide et secrète de toutes ses positions dans la nuit 14-15 est un modèle, et prouve qu'il est capable d'autre chose que d'entraîner ses hommes droit devant eux, comme à Kintchéou. Il est vrai que la supériorité de l'artillerie japonaise (cent quatre-vingt-dix-huit pièces contre cent quatre-vingts) en nombre, en matériel et en habileté, facilita grandement la tâche ; sans elle notamment, l'attaque centrale eût été impossible.

Les forces étaient sensiblement égales à la fin de la journée, artillerie à part : trente-six bataillons, quinze escadrons, trente batteries japonaises, contre trente-trois bataillons, dix-huit escadrons, treize batteries (dont dix de huit pièces) russes, ce qui augmente la portée du succès tactique des Japonais.

Les pertes étaient chez les Russes de :

Morts :	28 officiers,	618 hommes	Ensemble :[1]
Blessés :	75 officiers,	1767 hommes	115 officiers
Disparus :	12 officiers,	676 hommes	3091 hommes

Les Japonais avouèrent le 26 : morts 217 dont 17 officiers ; blessés 946 dont 7 (!!) officiers.

Ces seuls chiffres fleurent le mensonge à plein nez, mais on n'en a donné aucun autre : nous croyons pouvoir évaluer les pertes des Japonais, étant donné qu'ils eurent la défensive à l'endroit le plus chaud, à 2/3 des pertes russes (exclus les disparus), soit $(2518 : 3) \times 2 = 1677$ dont 3 % d'officiers = 50 environ.

Inutile de dire que tandis que le général Oku constate qu'on ramassa « plus de 500 cadavres russes et 300 prisonniers » les journalistes anglais transforment ces chiffres en 5000 et 3000 et attribuent aux Russes 10.000 hommes de pertes.

[1] Rapport Stackelberg du 18, par Kouropatkine le 20.

B. — Retraite de Stackelberg

(TENTATIVES POUR LA COUPER)

Retraite.

La retraite ne fut pas inquiétée le 15 ; elle était couverte d'ailleurs par le régiment de réserve de Tobolsk, venu en chemin de fer, et par une batterie dirigée par le général Lentchovsky en personne, qui commandait la route principale et la voie ferrée à Ouantzialine.

Le 16 également, tout contact fut perdu ; le soir seulement, comme le corps était installé à Ykotien, la cavalerie japonaise apparut vers l'Ouest, menaçante. Laissant à Samsonoff le soin de l'occuper, le général Stackelberg gagna Sioungjo-chan en deux marches de nuit de 15 kilomètres, toujours sous la pluie, et s'y établit le 18 au matin ; il était dès lors à portée d'être secouru de Kaïping, mais encore menacé à l'Ouest par la mer dont Sioungjo-chan est à portée, à l'Est par l'armée de Takouchan.

***

Tentatives pour la couper

a) Par Kaïping

En effet, celle-ci est sortie le 15 de son immobilité autour de Siou-Yen ; dès le 16, ses avant-gardes apparaissent sur les trois routes menant à Haï-cheng, Tachekiao et Kaïping, le mouvement le plus important (5 régiments d'infanterie, etc.) sur cette dernière [1]. Le général Mitchenko les retarde autant que possible, coupant les routes de cette région montagneuse, montrant des troupes devant les avant-gardes pour les forcer à se déployer, puis, reculant de quelques kilomètres pour recommencer. Ces escarmouches lui coûtent 1 officier et 13 cosaques. Mais le 19, les trois colonnes japonaises ne sont encore qu'au Sseu-pa-ling avec le gros à Kanza (col. Sud) au défilé entre Nantziabey et

[1] Kouropatkine des 20, 21 et 22.

Penchantchae (centre) et en vue des postes russes de Ouantziapoutze (Nord). Il n'en fallait pas plus.

***

b) Par Tatchekiao

Les Japonais sentent bien que Stackelberg va leur échapper. Sans doute pour retarder sa retraite, le général Oku cherche à lier un combat avec lui : le 21, ses avant-gardes attaquent les avant-postes russes [1] et le gros suit, prêt à la bataille ; mais cette attaque, qui part d'une bonne intention, produit des résultats opposés : il ne restait à Sioungjo-chan que des cosaques qui se replient sur Kaïping, où le Ier corps est déjà depuis la veille. Sioungjo-chan est abandonné, et le général Oku l'occupe sans opposition avec une division, le 21 au soir.

C'est en vain que les 22-23-24 il continue d'avancer, lentement et toujours en bataille ; les Russes se resserrent autour de Kaïping et refusent le combat [2]. Il n'y a d'autre incident qu'une embuscade cosaque qui réussit à prendre quelques chevaux aux cavaliers japonais, dans les montagnes au sud-est de Kaïping.

Pendant ce temps, avec leur souplesse ordinaire, les Japonais ont modifié leur dispositif sur les trois routes de Siou-Yen, par des mouvements transversaux.

Le 23, l'effort est reporté par l'armée de Takouchan sur une quatrième, le chemin de montagne intermédiaire entre les routes de Kaïping et de Tachekiao.

A l'aube toujours, trois bataillons, quatre escadrons, une batterie attaquent à l'improviste la sotnia de garde à Sindiao [3], lui tuant, dit-on, 60 hommes. Ils s'établissent sur la Montagne Noire au nord de Sindiao.

[1] Sakharoff du 22. Oku du 22 (par Légation japonaise).

[2] Sakharoff du 20.

[3] Kouropatkine le 22. Sakharoff le 25.

Une dépêche de Tokio 25, par la Légation japonaise à Londres, parle bien du premier combat, mais reste muette sur la reprise de la Montagne Noire.

Mais Mitchenko envoie de Siakhotan quatre sotnias et une batterie dont le feu les déloge [1]; des renforts d'infanterie étant survenus, il passe à l'offensive à 11 heures du matin, rejette le détachement japonais sur Eurlto-ho et réoccupe Sindiao, perdant 4 officiers et 21 hommes.

Au Sseupaling, au contraire, les Japonais diminués de force restent immobiles. Au Nord, un seul bataillon attaque, à la faveur du brouillard, l'avant-poste de Ouantzia-poutze, mais, aperçu quand même, rebrousse vivement vers Siou-Yen.

L'évidence s'imposait : les défilés étaient gardés et bien gardés et l'armée de Takouchan amputée de deux divisions, au profit d'Oku, n'était pas de taille à les forcer seule.

Ainsi, dès ce moment, il ne peut plus être question de couper Stackelberg qui, même à Kaïping, n'a plus qu'une forte avant-garde à la date du 24.

***

Opérations de la Ire armée

Dès le 15, la Ire armée s'est resserrée sur sa gauche et s'est refusée au contact des Russes [2]. A cette date, ceux-ci réoccupent, sur les trois routes de Feng-hoan-cheng : *a)* à Liao-Yang par le Fenchouiling; *b)* à Liao-Yang par le Motienling; *c)* à Haitcheng, les villages de Sankiatze, Toung-yuanpou et Sanmyntze, abandonnés par les Japonais. Sur la route de Moukden par l'Est, Saimaki même est évacué.

Dès que les Russes s'aperçoivent de ce mouvement, ils pressent Kuroki, pour l'empêcher de participer aux opérations contre l'armée russe du Sud. Le 20, Rennenkampf appuyé d'infanterie de la 6e division de chasseurs bouscule un corps avancé japonais à Heulitien (près Sitoutcheng) si bien que le 21

[1] Sakharoff 24.

[2] Sakharoff 22.

Daily Chronicle via Fusan, 22. *Daily Mail* de Feng-hoan-cheng, du 22. *Standard* « du quartier général Japonais, » du 22.

les avant-postes japonais sont à *dix kilomètres de Feng-hoan-cheng*[1].

Une autre colonne volante de 4000 hommes (2 régiments cavalerie, 2 bataillons, une batterie) attaque avec succès le 21 l'arrière-garde de la colonne japonaise, en retraite de Saïmaki, à Aïyang-Meun, mais des renforts, — dont, paraît-il, l'escorte des attachés militaires, — s'étant présentés (3 régiments d'infanterie entiers, d'après les Russes), elle passe la journée du 22 sur ses positions et se replie à la nuit sur le Sin-Kaï-ling, sans engagement général. Elle a perdu 3 hommes le 21, et 25 hommes le 22. Les Japonais avouent 9 tués.

Tout cela n'est que bien peu de chose, mais les Japonais, toujours prudents, pour limiter leur recul, fortifient le Kaepaling, Siaolichoang et un défilé à mi-chemin de Saïmaki et de Kouanjensien.

Il n'en est pas besoin ; les Russes n'ayant voulu que retenir au Nord la Ire armée, leur gros n'avait pas quitté le Motien-ling et le Fenchouiling.

***

Le succès de cette période et celui de la précédente qu'elle complétait, appartenaient aux Russes. Résultats

En effet, qu'avaient voulu les Russes ? Retarder le siège de Port-Arthur ; or, il est certain que le 25 juin les 1re et 11e divisions ne pouvaient qu'observer la garnison, d'effectif égal au leur.

Que voulaient les Japonais ? Cerner et détruire l'armée du Sud. Or, ils y avaient complètement échoué ; le Ier corps restait en ligne devant eux, diminué de 4000 hommes et du matériel de deux batteries, mais toujours en ordre et prêt à combattre.

[1] Sakharoff 23 (in fine) et 24. Quartier général de Kuroki, via Fusan du 23. Tokio à Agence *Havas* du 24. Tokio au *Matin* du 24.

APPENDICE

Les Diversions russes en Corée

(Mai-Juin)

L'Escadre de Vladivostock

Diversion russe en Corée

Lorsque, le 10 avril, le Gouvernement japonais proclama « qu'il ne restait plus de troupes russes en Corée, » c'était vrai, mais ce ne le fut pas longtemps.

Il y avait en effet le plus grand intérêt pour les Russes :

1° A gêner les communications de la Ire armée japonaise ;

2° A garder pied en Corée, dans l'attente d'un retour offensif ;

3° A surveiller la route de la côte, en tant que voie menant à Vladivostock.

Les Japonais le comprenaient si bien qu'en même temps que leur proclamation, on apprend qu'ils envoient des renforts dans la province d'Ham-heung. Malheureusement, comme on ne peut en ce moment rien distraire de la 1re armée, ce sont des soldats coréens [1].

Ils avaient raison de se méfier. Deux expéditions simultanées s'organisaient. D'abord, la première brigade débarquée de la division Rennenkampf (cosaques de Transbaïkal, MG. Mandoritoff), avait marché de suite sur Girin et allait entrer en Corée par Mao-eur-chan. Peut-être même le reste devait-il suivre, mais fut retenu par le détachement que les Japonais établirent en mai à Kouanjen-sien et qu'il dut contenir.

Ensuite une colonne volante comprenant, à ce qu'on sait du moins, un régiment de cosaques de l'Oussouri, des volontaires montés de Vladivostock et de Sakhaline (déportés graciés), et des Okhotniki de la 8e brigade de chasseurs, s'était massée à Houn-tchoun dans les premiers jours d'avril, sous le commandant du MG. Poutiata, ancien instructeur en chef des troupes coréennes, fort connu dans le pays, actuellement hetman des cosaques de l'Amour.

C'est cette dernière qui, dès le 17 avril, jette une pointe hardie de *trente* cosaques à 100 kilomètres en avant d'elle, à Kiltjou [2]. Elle annonce l'arrivée de cinq mille hommes, ce qui jette la panique parmi les négociants japonais qui réclament un navire pour fuir [3].

Le Japon laisse ou fait déclarer par les organes à sa dévotion sa quiétude absolue [4], mais la fin d'avril fut cependant inquiétante pour lui : on découvre que l'incendie du palais impérial de Corée (9 avril) est bien l'œuvre d'une conspiration russophile, et l'on doit arrêter des centaines de fonctionnaires qu'on croyait sûrs jusque-là [5]; plusieurs officiers coréens sont arrêtés pour espionnage au profit des Russes [6].

[1] *Daily Telegraph* de Séoul du 9 avril : 600 coréens partant de Ping-Yang pour Han-Chan.

[2] *Times* de Tokio du 19.

[3] *Havas* de Séoul du 21.

[4] *Daily Telegraph* du 22.

[5] *Standard* de Séoul du 23.

[6] *Havas* de Séoul du 23.

la Corporation des « Colporteurs, » qu'on croyait avoir disloquée, relève la tête ; à cause d'elle, Séoul est continuellement sillonnée de patrouilles [1].

Le 25, l'escadre de Vladivostock vient couler des navires japonais en pleine rade de Gensan, alors que la ville n'a que huit cents hommes de garnison.

La Russie profite de tout cela pour faire croire à l'offensive de forces importantes en liaison avec l'escadre [2] ; divers journaux français l'annonçent, et l'on fait grand bruit de la nomination du général Linevich au commandement de l'armée (?) du Nord [3].

A la vérité, il n'y avait encore, aux derniers jours d'avril, que 400 hommes à Kiltjou et Mandoritoff passait seulement la frontière. Mais ils se remuaient beaucoup, faisant nombre.

***

Colonne du Transbaikal.

Mandoritoff est le 23 avril à Piektong où, désarmant la garnison coréenne, il prend 700 quintaux de vivres et fourrages ; il n'a dû, pour cela, que culbuter, le 21, le seul poste japonais gardant la route : 200 Coréens et 200 Japonais à Oui-ouen [4]. Le 6, laissant à Piektong une arrière-garde, qui, pour faire illusion, pousse des cavaliers vers Piektontin, il se hâte vers le Sud, est à Tektchien le 8, à Kaïtchen le 9, réquisitionnant ses vivres en route et enlevant les chevaux [5].

Le 10, il arrive à l'improviste de bon matin devant Andjou, mais les 600 Japonais de garnison résistent avec énergie derrière les vieilles murailles, perdant 10 hommes [6]. Les cosaques, venus sans artillerie, ne peuvent les forcer, et à 6 1/2 h. des

[1] Débats, 20, de Séoul par l'Agence *Russe*.
[2] *Temps* de 28; Agence *Havas* du 26.
[3] *Petit Parisien*, *Journal* du 29.
[4] Rapport Karkevitch, publié le 11 mai
[5] Séoul, 13 mai.
[6] *Havas* de Séoul du 11, Tokio 12 au *Times*.

renforts arrivant de Ping-yang, ils se replient sur Yeng-sieng [1], perdant 3 tués et une vingtaine de blessés, puis sur Ounsan où ils détruisent les vivres [2].

Une colonne partie de Wijou tente de leur couper la retraite à Picktong, mais l'arrière-garde y conservée la repousse [3], le colonel Kioskitai, qui les poursuit avec les troupes d'Andjou, ne peut les rejoindre [4].

Mandoritoff est du reste rappelé : au lieu de reprendre le même chemin, il se jette sur les communications japonaises, détruisant plusieurs convois de vivres, notamment près de Kao-li-meun, le 21 [5]. Toute la cavalerie japonaise étant sur le front, on ne peut que renforcer les escortes. Heureusement, soit pour cela, soit coïncidence, à la fin de mai, la Ire armée se resserre sur Feng-hoan-cheng. Par un initéraire encore inconnu, Mandoritoff rejoint enfin sa division le 31, aux environs de Sitoutcheng ; en un mois, il avait fait 600 km., détruit au moins trois magasins et plusieurs convois, et, peut-être, contribué au repli de la Ire armée sur Feng-hoan-cheng.

***

Colonne de l'Oussouri

Mais son départ ne donne pas le repos aux Japonais de Corée.

Au début de mai, la colonne Poutiata se répand le long de la côte ; on la signale successivement à Kieng-seng, à Kiltjou, à Siong-tjin (baie Plaksin), partout reçue volontiers par les fonctionnaires russophiles de cette région.

[1] Tokio, 11 mai, au *Standard*. A peu près pareille au *Daily Telegraph*. Séoul 18 mai : « ont emporté 24 blessés dont 4 sont morts en route. »

[2] Séoul, 16 mai, au *Times*.

[3] Séoul, 16 mai, « les Japonais ont cerné 200 Russes au nord d'Andjou. »

[4] Seoul, 25, au *Times*.

[5] *Times* du 31 de Wei-Hai-Wei, *Morning-Post* du 24, *Berliner Tageblatt* du 22, *Daily Telegraph* du 21 (du Quartier général Japonais).

Le 20 mai, 300 cosaques chassent la garnison coréenne de Kan-ko [1]. Le 26, cette même avant-garde occupe Pouk-tcheng [2], coupant les communications avec le Sud et Séoul, mais on apprend qu'en même temps, une autre, par la route des montagnes, a gagné Tchan-din-po, marchant sur Kapsan.

Ils ont cette fois de l'artillerie, douze pièces, dit-on [3].

Du coup, Ham-heung, capitale de la province, est évacué par les négociants japonais et les japonophiles, laissant carte blanche au préfet, tout acquis aux Russes.

Le 4 juin, c'est à Moun-tchien [4] *(30 kilomètres de Gensan)*, qu'une rencontre se produit entre l'avant-poste japonais sur la route du Nord et l'avant-garde de Putiata. Les Russes perdent 5 hommes; on ne nous dit pas les pertes japonaises.

Heureusement pour Gensan, leur marche s'arrête du 7 au 13, car la ville ne possède encore que 800 fantassins sans canons ni cavalerie, et la panique y règne parmi les Japonais et japonophiles. Les navires refusant du monde, on va jusqu'à risquer le passage en jonques [5] vers le Japon.

D'urgence, une batterie part de Ping-yang pour Gensan. Mais le 16, les Russes se resserrent sur Ham-heung, le gros restant à Kieng-seng. Ils n'avaient en effet jamais eu, malgré toutes les rumeurs, que des cosaques sans artillerie, celle-ci n'ayant pas quitté Kieng-seng. Dès lors, les Russes se contentent d'occuper toute la côte nord-est et l'hinterland correspondant jusqu'à la vallée d'Houdjou, et des escarmouches insignifiantes y décèlent seules leur présence.

Pour effacer le mauvais effet de leur recul, les Russes font bombarder Gensan le 30 juin, par l'escadre de Vladivostock, mais, sans appui de la terre, ce bombardement ne sert à rien.

[1] Séoul, 23, à *Havas*.

[2] Séoul, 26.

[3] *Times* de Séoul du 28.

[4] Rapport du général Haraguchi, commandant le corps de Corée, publié en extrait le 4 juin.

[5] *New York Herald* par lettre de Gensan, 3 juin.

L'Escadre de Vladivostock

Le 20 mai, l'amiral Skrydloff, remplaçant le malheureux amiral Makaroff, et le contre-amiral Bezobrazoff, son chef d'état-major, arrivaient à Vladivostock, où l'escadre se ravitaillait après sa sortie du 30 avril.

Mais les premiers exercices ordonnés à la flotte amènent un malheur : Le 22, le Bogatyr touche une roche et, pour le renflouer, il faudra trois semaines et l'enlèvement de tout l'armement. En outre, des barques japonaises sont venues de nuit poser des mines dans la baie d'Oussouri ; il faut les enlever.

Ce n'est enfin que le 12 juin, que l'escadre peut repartir [1]. Elle détache la Lena et des torpilleurs vers la baie Plastoun, où l'on signalait des bâtiments pêcheurs japonais. Quant au gros comprenant les trois croiseurs cuirassés (pavillon de Bezobrazoff sur la Rossia), il descendit droit au Sud vers le détroit de Corée, où l'on signalait des transports de troupes et de matériel pour le siège de Port-Arthur, tandis que l'escadre d'observation japonaise se trouvait réduite à quelques garde-côtes et croiseurs sans vitesse : Takao, Kongo, Niitaka, Tsushima etc. ... [2].

Le 15, au lever du jour, elle donne la chasse vainement au Kanagawa Maru qui ne peut être rejoint — et à l'Hino Maru qui parvient à maintenir sa distance et rentre à Modji fort avarié par le tir à longue portée des Russes.

A 6 heures, elle découvre l'*Idzumi Maru* de 3235 tonneaux. Bientôt rejoint malgré ses efforts, il n'obéit pas aux signaux, aux coups de semonce, et ne s'arrête qu'au 5e projectile tiré en plein.

[1] Sources principales : Rapports Skrydloff du 19 et du 21. Communiqué de la Légation Japonaise de Londres du 17. Récit des survivants de l'Hitachi (Tokio 17 à l'agence *Laffan*). Lettre de Vladivostock à la *Novoïe Vremia*, publiée le 2 août.

[2] *Daily Chronicle* de Tokio du 15.

Encore est-ce pour mettre à la mer ses embarcations où l'équipage se précipite en fourmilière. La plupart, il est vrai, coulent surchargées.

Il y avait à bord un bataillon avec l'état-major et le drapeau du régiment. D'après les survivants, le colonel détruisit le drapeau et se suicida. De deux chaloupes qui voulurent bien accoster le Gromoboï, et des hommes qui saisirent les bouées qu'on leur jetait, les Russes recueillirent en tout 17 officiers, 88 hommes et 108 passagers et coolies [1].

Les hommes restés à bord refusant de se rendre, et le navire tardant à couler, à sept heures le Gromoboï l'acheva d'une torpille ; il coula, portant cramponnés à ses mâts des grappes d'hommes qui montraient le poing.

Deux autres étaient visibles à l'horizon :

Le Gromoboï se chargea de l'*Hitachi Maru* (6172 tonnes) qui portait, dit-on, un régiment entier et des pièces de siège. Il refuse de s'arrêter, malgré 8 projectiles vers la machine et tente au contraire, vers dix heures, de s'échapper à toute vapeur. Le Gromoboï signale d'évacuer le navire, mais en vain. Alors il tire en plein sur les ponts, faisant un affreux carnage ; et seulement alors l'équipage prend la fuite en canots. A deux heures tout ce qui voulait fuir ou se rendre l'ayant fait, entre autres le capitaine *anglais* Campbell, commandant le navire, — qui fut interné sur le Gromoboï, — une torpille achève l'*Hitachi* qui coule, entraînant dans un tourbillon plusieurs canots chargés.

La Rossya s'attaque au *Sado Maru* (6223 tonnes) qui portait un bataillon de télégraphistes, des ouvriers de chemin de fer, des coolies et du matériel de siège, ainsi qu'un général et son état-major avec 18 chevaux. On prétendit aussi qu'il portait 5 millions en or [2] et des papiers importants

[1] Nangasaki 19, au *Morning-Post*.

[2] *Daily News* du 22; d'après lui, les troupes étaient des réserves de la dixième division. Vladivostock 22, au *Reuss*.

qu'on dut jeter à la mer à l'approche des Russes. C'est vraisemblable, vu la présence d'un état-major divisionnaire, mais non prouvé jusqu'ici.

Le Sado n'attendit pas l'attaque : il avait, outre ses canots réglementaires, des pontons de débarquement, et mit d'emblée toutes ses embarcations à la mer : 509 hommes et 610 non combattants purent ainsi quitter le navire et parvinrent sains et saufs à l'île Oki [1].

Le reste ne fit aucun accueil aux sommations de se rendre [1]. Notamment l'état-major, qui banquetait dans le carré des officiers, refusa même de s'interrompre, ne faisant même pas à la mort l'honneur de s'occuper d'elle.

Comme pour les autres, une torpille est lancée, puis le « Rossya, » croyant le « Sado » perdu, le quitte et rejoint l'escadre.

Alors, le petit croiseur « Niitaka, » qui de loin (n'étant pas de force) avait suivi toute l'affaire, fit toute vapeur pour lui porter secours. Ici les versions cessent d'être d'accord : d'après les Japonais, il aurait pu aveugler la voie d'eau et remorquer le « Sado, » jusqu'à Moji, sauvant ce qui restait à bord, et nous tendons à le croire, car les données russes de source directe s'arrêtent nécessairement au moment où, croyant le navire en train de couler, ils le quittèrent.

Ainsi son mépris de la mort aurait sauvé l'état-major de la division de réserve du corps de siège, mais cette division se trouvait amputée d'un tiers de son effectif : des treize transports [2] formant le convoi en route en ce moment, deux étaient coulés, deux hors service (en y comprenant l' « Hino »). Les autres dispersés au hasard de la fuite dans divers ports subissaient un retard important ; deux même, dans leur hâte, entrèrent en collision : le « Yamatsu-Maru » qui fut légère-

[1] Tokio 18 mai, à l'Agence *Reuter*.

[2] Tokio 16, au *Daily Telegraph*. D'après le *Daily Chronicle* (Tokio 18) il y en aurait eu 20 en mer le 15.

ment endommagé et le « Katsuno » qui fut coulé ; les troupes qu'il transportait étaient sauvées en majeure partie, mais il entrainait dans l'abîme une masse de munitions de siège qui constituaient son chargement.

Le 16, l'escadre arrête et prend au large de Tsugaru « l'Atlantan, » charbonnier anglais allant de Yezo à Singapore d'après ses papiers, aux îles Elliott, croit-on, d'autant plus qu'auparavant il avait porté du charbon de Cardiff à Saseho. Il sera cependant relâché le 21 [1], après examen de son charbon qui se trouve être du japonais ordinaire impropre à la marine de guerre.

Le 19, elle coule les caboteurs « Anseï » et « Yowata Maru » [2] toujours au large de Tsugaru.

Le 20, elle rentre à Vladivostock, sans avoir vu d'autre navire de guerre que le Niitaka.

Le même jour, on annonçait que l'amiral Kamimura rentrait à Takesiki (dans l'île Tsushima) « n'ayant pu joindre les Russes, à cause du brouillard [3]. » Ajoutons qu'avec les forces dont il disposait, la rencontre soi-disant cherchée n'eût servi qu'à grossir la liste des pertes japonaises. En réalité, l'escadre moderne était de plus en plus nécessaire devant Port-Arthur.

Mais le grand public japonais ne l'entendit pas ainsi, et cette seconde « négligence » de Kamimura souleva l'indignation populaire : sa villa de Kobe fut assaillie par la populace [4].

D'ailleurs, à côté des résultats matériels, les résultats moraux étaient énormes, inespérés, les troupes détruites

[1] Vladivostock au *Lloyd* du 22.

[2] Tokio 19, à Agence *Reuter*.

[3] Communiqué japonais du 20. « L'amiral Kamimura est rentré hier à sa base *sans avoir découvert l'escadre russe* ; » il exprime dans son rapport le plus grand regret de n'y avoir par réussi malgré ses efforts.

[4] Tokio 19, à *Havas*. Shanghai 1er juillet. On n'y croit pas alors, vu la source, mais une lettre de Mr Petit, du *Temps* de Tokio, confirme, le 4 août, cette attaque et sa répression ainsi que les détails qui suivent.

étant formées de réservistes des plus anciennes classes, presque tous mariés et dont la disparition était impossible à cacher, difficile à réparer. De nombreux vétérans de la guerre de Chine, que leur âge rangeait dans la territoriale, y figuraient, dit-on, comme volontaires.

L'émotion fut donc immense, et, sous la pression de l'opinion publique, on renforça Kamimura d'une division de 3 croiseurs cuirassés, quelque besoin qu'on en eût ailleurs, dans le but d'en finir. Il eut ainsi 3 cuirassés, 4 protégés, 12 torpilleurs et quelques avisos et canonnières.

***

Expédition de juillet. Bombardement de Gensan [1].

Précisément le 28, alléchée par son succès, l'escadre repartait, après avoir pris la précaution de faire annoncer que ses navires étaient sur cale pour grattage. Le 29, elle est au large d'Yézo mais n'y rencontre aucun navire : la navigation normale n'a pas encore repris. Le 30, elle arrive devant Gensan, forte de trois croiseurs et dix torpilleurs et destroyers : six torpilleurs seuls s'avancent, coulent deux caboteurs de cent cinquante tonnes et jettent cent quatre-vingts obus sur les casernes et le consulat japonais pendant 3/4 d'heure. A 6 heures 45, toute l'escadre disparaît, marchant au Sud-Est. A 10 heures 1/2, apparait une flottille de torpilleurs japonais qui s'attache à sa poursuite [2].

Le 1er juillet, les trois croiseurs apparaissent entre Fusan et l'île Tsushima, puis à 6 heures 45 au nord de l'île Iki, marchant vers le Sud-Ouest. L'escadre Kamimura sort à leur

[1] Sources : Rapport Skrydloff du 7 juillet. Grande dépêche de Vladivostock à *Havas* du 8 juillet. *Havas* du 28, de Pétersbourg. Tokio à *Reuter* du 29. *Havas* du 30, de Séoul. Communiqué de la Légation Japonaise à Londres du 30. Tokio au *Daily Telegraph* et *Daily Chronicle* du 30.
 359 obus : *New York Herald* de Gensan du 30 par Séoul. *Reuter* 30 : le consulat japonais a été frappé, peu de dégâts.

[2] *Havas* de Séoul du 30.

rencontre ; ils mettent aussitôt le cap au Nord, mais aperçoivent à 8 heures la flottille de onze torpilleurs qui, hors de vue, n'avait cessé de les suivre. Poursuivis par le tir hors portée des croiseurs cuirassés, leur position était critique ; un seul navire atteint gravement les eût obligés à rester et à combattre à forces inférieures[1].

Alors, forçant de vitesse et couvrant tous leurs feux, ils franchissent dans les ténèbres le cordon trop lâche des torpilleurs. Ceux-ci ne peuvent lancer de torpilles utiles et presqu'aussitôt sont en butte au feu des croiseurs poursuivants qui les prennent pour ennemis. Ils ne peuvent s'en faire reconnaître qu'à force de signaux et de fusées.

Soit à cause de cet accident prouvant le danger d'une poursuite nocturne, soit que les croiseurs du type Asama, après 5 mois de mer, soient loin de leur vitesse (sur le papier supérieure à celle des Russes), au matin les Japonais ne sont plus même en vue.

L'escadre rentra le 4 ; sur la route, elle avait pris le « Cheltenham » de 6000 tonnes, portant des traverses de chemin de fer d'Otaru à Fusan.

Avec deux torpilleurs coulés dans l'affaire de l'île Iki (rapport Skrydloff), ce serait le seul résultat matériel de cette expédition.

Mais elle avait une grande portée morale, en montrant une fois de plus l'impuissance de la flotte japonaise contre les hardis coureurs de mer de Vladivostock, et c'est bien ainsi qu'on le comprit au Japon.

[1] Tokio 2, au *Times*, 3, à *Havas* et Séoul 3, à *Havas*.

FIN DU TOME Ier

TABLE DES MATIÈRES

Pages

AVANT-PROPOS 5

PRÉLIMINAIRES : Causes et début de la Guerre

Causes éloignées. L'établissement et les intérêts de la Russie en Chine 7
Naissance du Japon comme puissance. Ses intérêts et ses ambitions. 8
Guerre sino-japonaise . . . . »
Les suites en Chine 9
Les suites en Corée 10
Guerre des Boxers et occupation européenne . 12
Causes immédiates. Dès 1896 le Japon prépare la guerre 13
L'alliance anglaise le rend libre de la faire. . 14
Dès qu'il est prêt, il la provoque . . . . . . »
La Surprise. Chemulpo et Port-Arthur : 17
Légalement . . . . »
But. 18
Chemulpo. 19
Port-Arthur 26
Effets immédiats : sur mer. 32
Au point de vue politique en Corée 33

CHAPITRE I. — Le Théâtre de la Guerre et les Objectifs possibles.

Le Théâtre de la guerre. Limitation 37
La Corée : Gouvernement. Armée. Peuple. Tougaks. Aspect et productions 38
La Mandchourie : Gouvernement. Armée. Peuple. Kounkouzes. Aspect et productions. 42
Le Kwantoum : Port-Arthur et Dalny 44

Les objectifs possibles. La Corée 46
Le Kwantoum 47
New-Chwang et l'alliance chinoise. . . 48
La Corée du Nord et Vladivostock. . . 49
Résultat : Esquisse du plan japonais. . . . 50

CHAPITRE II. — Les Forces en présence.

L'armée russe. Effectifs disponibles : Forces existantes . . . 52
Nouvelles formations 55
Envoi de forces organisées. 56
Mobilisation de réserves en Russie 57
Transports et ravitaillements. Le Transsibérien et son débit . . 58
Traversée du Baïkal et Transmandchourien . 59
Capacité nécessaire aux ravitaillements . . . 61
Capacité de transport en troupes 62
Durée et conditions du voyage 64
La voie fluviale 65
Conclusion 66
Répartition. Tableau de l'armée russe de Mandchourie au 1er juin. 68
L'armée japonaise : Recrutement et organisation. Contingent et pied de guerre. 74
Organisation : Cadres . . . . »
Évaluation du disponible 76
Transports : Sur mer . . . . »
Sur terre 79
Mobilisation et répartition 81
Tableau de l'armée japonaise 82
L'armement : Fusils 86
Canons 87
Marine russe : Équipages 90
Charbon 91
Ports . . . . »
Matériel 92
Répartition 98
Marine japonaise : Équipages. 100
Charbon . . . . »
Ports 101
Matériel 102
Répartition 108

CHAPITRE III. — La Guerre maritime.

Port-Arthur et son escadre. Préparatifs 109
L'état de siège . . . . »
Approvisionnements 109
Les mines : perte de l'Ienisei et du Boyarin . 110
Préparatifs japonais . . . . »
Attaque du 13-14 février 111
Première tentative d'embouteillage (24 février) 112
Bombardement du 10 mars 117
Bombardement des 21, 22 mars 119
Deuxième tentative d'embouteillage (27 mars) . 120
Combat du 13 avril. Perte du Petropavlovsk 121
Bombardement des 14, 15 avril 126
Embouteillage partiel (3 mai) 127
Vladivostock. Première sortie (14 février) 130
Bombardement de Vladivostock. 131
Inaction en avril 132
Deuxième sortie : Gensan et Kiushiu-Maru . 133

CHAPITRE IV. — Période de Préparation sur terre.

Concentration russe. Garnisons de paix de l'armée russe . . . 135
Buts de la concentration 136
Son exécution 137
Résultat 138
Concentration japonaise 141
Premiers contacts : En Corée 142
Dans la Corée du Nord-Est 145
En Mandchourie 146
Résultats de cette période 147

CHAPITRE V. — Opérations combinées de la Marine et de l'Armée. Kialientze et Kintchéou.

Kialientze et le passage du Yalou 149
Généralités . . . . »
Les reconnaissances 158
Dispositions des Russes 152
Dispositions des Japonais 152
Le passage 154
Bataille du 1er mai 157
Retraite 161
Résultat . . . . »

La IIe armée dans le Liaotoung. Arrêt de la Ire. 164
Abandon de Feng-hoan-cheng. . . . . . . »
Marche de la Ire armée japonaise. 165
Débarquement de la IIe armée 168
La voie coupée 169
Mouvements vrais et faux 170
Kintchéou. Dispositions russes 172
Préliminaires de l'attaque 175
Bataille de Kintchéou 176
Résultats 180

CHAPITRE VI. — Campagne de Juin.

Généralités. Question du siége immédiat 182
Positions des deux armées à la fin de mai et leurs projets 184
L'expédition de secours vers Port-Arthur. Premier combat de Wafangou 185
Décision des Japonais ; la IIe armée remonte au Nord 186
Expectative de Ire armée. Feinte sur la droite. 187
L'armée de Takouchan occupe Siou-Yen . . 187
Wafangou. Marche de la IIe armée 188
Avant la bataille. 189
Journée du 13 juin 190
Journée du 14 juin 191
Journée du 15 juin 192
Résultats 194
Retraite de Stackelberg 196
Tentatives pour la couper par Kaiping . . . . »
Tentatives pour la couper par Tatchekiao . . 197
Opérations de la Ire armée. 198
Résultats de cette période 199
Appendice. Diversion russe en Corée 200
Colonne du Transbaïkal 203
Colonne de l'Oussouri 204
L'escadre de Vladivostock. Juin 206
id. id. Juillet 209

ADDENDA

PAGE 30 dans la note. Interwiew de Mme Starck : « le 9 février..... ».

32 Le *Mandchouria* ne fut pas pris en mer. Il fut victime du délai imposé pour partir aux navires en réparation.

71 Les secondes divisions des Ve-VIe corps de Sibérie ne sont pas même des divisions de réserve, mais des divisions de *deuxième réserve*, créées de toutes pièces. Au Ve corps : 71e division, Major-Général EKK. : 281e, 282e, 283e et 284e d'infanterie. Au VIe corps : 72e division. Major-Général MIRZA BARANOVSKI, 285e, 286e, 287e et 288e d'infanterie. Mais toute l'artillerie est active : 26e, 28e, 6e et 10e régiments. La cavalerie est formée de cosaques d'Orenbourg.

71 Les brigades de la division de cosaques de Sibérie étaient commandées à l'origine par les généraux-majors GREKOFF et ROMANOFF. Ce dernier venait d'être nommé au commandement de la 6e division de chasseurs, quand il roula du haut d'une roche avec son cheval.

72 Le XVIIe corps n'a pas emmené la 36e division mais bien la 3e, ainsi formée :

9e régiment d'Ingrie.
10e id. de Nelle Ingrie.
11e id. de Pskov.
12e id. de Velikiluki.
3e d'artillerie.

79 La 9e division semble avoir débarqué non à la baie Hélène mais à la baie Louisa.

84 Le général NOGI (ex-gouverneur de Formose) a comme chefs des services de l'artillerie et du génie les généraux SATO et YAMADA.

85 Les brigades de réserve nos 2, 12 et Garde, remplacées en Corée par de nouvelles formations, ont rejoint en juin l'armée de Kuroki. Les 1e, 3e et 4e de même ont été dirigées en juin sur Dalny, où les 5e, 10e et 11e se rendaient directement en même temps.

185 Au lieu de XVe corps, lire IVe.

www.ingramcontent.com/pod-product-compliance
Ingram Content Group UK Ltd.
Pitfield, Milton Keynes, MK11 3LW, UK
UKHW022013170726
13837UKWH00001B/163

9 782329 231631